日常的な
相互行為の
数理社会学

嘘と秘密とゲーム理論

小田中 悠
Yu Odanaka

晃洋書房

目　　次

序　章　意味の社会学と数理社会学のすれちがい …………………………… *1*
　　　　──なぜ意味は数理社会学の対象とならなかったのか──

　　1　日常的な相互行為をめぐる意味と数理のすれちがい　（*1*）

　　2　数理社会学のあゆみ　（*3*）
　　　　── 日米を中心に ──

　　3　意味の社会学と数理社会学　（*9*）

　　4　本書の構成　（*15*）

第1章　意味とゲーム理論 …………………………………………… *23*
　　　　──意味構成の3水準──

　　は じ め に　（*23*）

　　1　ゲーム理論の基本的なアイデア　（*23*）

　　2　相互行為における意味付けのゲーム理論的研究　（*29*）

　　3　意味とゲーム理論をむすびつけるために　（*39*）

第2章　Schutz の行為論とゲーム理論 …………………………… *47*
　　　　── ゲーム構造の形成 ──

　　は じ め に　（*47*）

　　1　Schutz 行為論の基本的なアイデア　（*48*）

　　2　行為の選択はいつどのようになされるのか　（*53*）

　　3　Schutz からゲーム理論へ　（*58*）
　　　　── Esser・Etzrodt モデルの検討を通して ──

　　4　ま　と　め　（*65*）

第3章　Garfinkel の違背実験とゲーム理論 ……………………… 69
　　　　──間主観性の成立──

　　は じ め に　　（69）

　　1　違背実験とゲーム理論　　（70）

　　2　ハイパーゲームの基本的なアイデア　　（74）

　　3　間主観性の成立とゲーム理論　　（77）

　　4　ま　と　め　　（87）

第4章　合理的な選択結果としての「今，ここで起きていること」… 91
　　　　──Esser と Goffman を手がかりにして──

　　は じ め に　　（91）

　　1　合理的選択とゲーム構造の形成再考　　（92）

　　2　合理的選択と間主観性の成立再考　　（97）
　　　　── Goffman のフレーム分析──

　　3　合理的選択とゲーム結果への予想　　（100）

　　4　ま　と　め　　（104）

第5章　嘘と秘密の社会学再考 …………………………………… 109
　　　　──ゲーム理論的分析に向けて──

　　は じ め に　　（109）

　　1　社会学における嘘と秘密　　（109）

　　2　嘘と秘密の4類型とダイナミクス　　（111）
　　　　──状況の定義に着目して──

　　3　嘘と秘密のゲーム理論的分析可能性　　（115）

　　4　ま　と　め　　（117）

第6章　人狼ゲームの分析 ………………………………………… 121
　　　　──嘘と秘密とゲーム理論──

　　は じ め に　　（121）

　　1　人狼ゲームのルールとデータの概要　　（122）

目　　次　iii

2　対象となる場面の詳細な経過　　(*127*)

3　人狼ゲームのゲーム理論的分析　　(*130*)

4　人狼ゲームの分析から見えてくるもの　　(*139*)

5　ま　と　め　　(*142*)

終　章　意味の社会学と数理社会学がむすびつくところ …………… *145*
　　　　　──意味の数理社会学の展開──

1　本書の議論のまとめ　　(*145*)

2　本書の意義と今後の展開可能性　　(*149*)

あ と が き　　(*159*)

初 出 一 覧　　(*161*)

文　　　献　　(*163*)

序　章
意味の社会学と数理社会学のすれちがい
── なぜ意味は数理社会学の対象とならなかったのか ──

1　日常的な相互行為をめぐる意味と数理のすれちがい

　2020年初頭からの新型コロナウイルス感染症の流行は，「日常を変えた」といわれることがある．感染拡大防止対策は，「三密」の回避や「ソーシャルディスタンス」といったスローガンのもと，外出や会食の自粛を要請してきた．それによる最も大きな変化は，人と人とが顔を合わせてコミュニケーションをする機会の大幅な減少であろう．

　本書は，このような状況の中で，その当たり前さを失い，再び，当たり前に戻った，人と人との日常的なやりとりのありようを探求するものである．出会い，挨拶を交わした彼／彼女らは，雑談に興じたり，業務に関する議論を行ったりするし，時には，嘘をついたり，隠し事をしたりすることもあるだろう．

　そういった日常的な相互行為は，古くから社会学的な研究の対象となってきた（e.g. Simmel 1908＝1979）．ミクロ相互作用論，意味学派などと称される社会学的な相互行為論が，M. Weber 以来，「今，ここで起きていること」への意味付けに注目して多くの成果をあげてきた（Weber 1922＝1972；吉田 1978；Collins 1994＝1997）．ここで，意味に注目するというとき，その主眼は，行為者による状況の定義，つまり，「今，ここ」で誰が何をなぜしているのかということへの意味付けに向けられている．

　社会学的な相互行為論の伝統の中にはいくつかの立場があり，それらは異なる視点から相互行為のメカニズムの解明に取り組んできたといえるだろう．そのような立場として，まず挙げることができるのは，G. H. Mead を創始者とする，シンボリック相互作用論である（e.g. 船津 ［1976］2009）．また，相互行為を社会学の研究対象とすることに尽力した，E. Goffman の一連の研究，A.

Schutz の自然的態度の構成的現象学を端緒とする現象学的社会学，そして，Schutz らの影響下で，H. Garfinkel や H. Sacks を中心に成立・発展した，エスノメソドロジー・会話分析といった方針を挙げることができる．

しかし，相互行為のメカニズムの解明を目指す理論として挙げることができるのは，上述したような社会学に固有なものだけではない．学際的に用いられている数理的な意思決定理論である，ゲーム理論もまた，相互行為のメカニズムを解明しようとしてきた．ゲーム理論は，1944年に J. von Neumann と O. Morgenstern によって提唱された数理モデルで，複数の主体間での相互依存的な意思決定場面を分析の対象としている．それは主として経済学において用いられながら，社会科学において広く用いられてきたものである[1]．社会学においても，数理社会学（mathematical sociology）と呼ばれる領域において，社会学的な現象の分析のために応用されてきた．

本書の目的は，上述した2つの立場，すなわち，意味の社会学とゲーム理論の双方に目を配りながら，数理社会学の立場から，より精緻に日常的な相互行為を捉える理論を構築することにある．このような試みは，ゲーム理論を含む，合理的選択理論，そして，意味の社会学という，社会学に流れる2つの潮流が交わる先を見定めることにつながると考えられる（cf. Collins 1994＝1997）．

ゲーム理論は，社会学においても早い段階から用いられてきた．R. Swedberg によるレビューによれば，ゲーム理論を用いた社会学的研究自体は1950年から始まり，半世紀以上の伝統がある（Swedberg 2001）．そして，最も盛んに行われている協力行動や，それと関連する社会規範については，多くの蓄積がなされている．たとえば，日本の数理社会学会の機関誌『理論と方法』に限っても，1986年から2018年のあいだに28本の関係する論考が掲載されている[2]．

それにもかかわらず，ゲーム理論と意味の社会学を関係付けることを目的とした先行研究はわずかである（織田 1997；都築 2000, 2005；Etzrodt 2004；武藤 2005b；内藤 2011；Vollmer 2013）．これらの研究の特徴は，数理社会学発祥の地である，アメリカの研究者ではなく，日本やドイツ語圏で研究を行っている研究者によって，そして，比較的近年になって産出された成果となっていることである[3]．

序　章　意味の社会学と数理社会学のすれちがい　　*3*

　では，なぜ，同じ対象を見る2つの立場は，十分に協働するのではなく，すれちがってきてしまったのだろうか．この不幸なすれちがいの背景を探るところから，本書を始めていきたい．2節では，アメリカにおける数理社会学の成立，および，日本への輸入について，その背景にも目を配りながら概観する．3節では，数理社会学における非数理社会学の扱いについて検討し，本書が論じようとしている，意味の問題と数理社会学との関係を明らかにする．それにより，本書の問題意識が，数理社会学，ひいては，社会学にとって取り組むべき課題であることを確認する．最後に，4節において，本書全体の見取り図を提示する．

2　数理社会学のあゆみ
　　　──日米を中心に──

⑴　アメリカにおける数理社会学の成立とその背景

　ここでは，数理社会学のこれまでのあゆみについて，日米を中心に概観していく．それに先立って，まず，数理社会学という営みについて整理しておこう．数理社会学は，数学を用いて構築されたモデルによって，厳密な演繹的な推論を行うことを通して，社会現象の成立メカニズムを解明することを目的とした領域である．ここで，「数理」は，たとえば，「家族社会学」が「家族」を探求する領域であるのとは異なり，対象ではなく，方法を指し示しており，事実，その対象となる現象は多岐に及んでいる（Edling 2002；大林・瀧川 2016）．また，そこで用いられる数学的な道具も多様であり，本書が扱うゲーム理論はもちろん，微分方程式や，社会移動研究に応用されてきた確率過程モデル（マルコフ連鎖），ネットワーク分析，コンピュータを用いたシミュレーション（エージェントベースドモデル）などを挙げることができる（Bonacich & Lu 2012；小林・海野編著 2016）．

　そのように社会現象を数学的なモデルによって解明しようする試みは，Condorcet の「社会数学」にまで遡ることができるが，数理社会学は20世紀半ばのアメリカで成立し制度化した領域である（cf. Fararo 1997；安田 1973a, b；Sørensen & Sørensen 1975；甲田・高坂 1989；Edling 2002）．1964年に初めて数理社

会学を冠した書籍である。J. S. Coleman の著書，*An Introduction to Mathematical Sociology*，1971年に数理社会学の専門誌である *Journal of Mathematical Sociology* 誌が刊行される。その後，1973年には T. J. Fararo による教科書が出版され，1975年には詳細な書誌情報を含むレビューが発表されるなど，数理社会学の制度化が進んでいったといえる（Fararo 1973＝1980；Sørensen & Sørensen 1975）[4]。事実，1975年の段階で，アメリカの全195大学院のうち，69校で数理社会学のコースがあったという（西田 1978）。

　では，なぜ，Condorcet にまで遡ることができる，社会現象を解明するために数理モデルを応用するという方法が，20世紀半ばのアメリカ社会学の中で花開いたのであろうか。そこには，当時のアメリカ社会学を取り巻く，互いに重なりあうところのある，2つの潮流による影響があったと考えられる。すなわち，論理実証主義（logical positivism）の輸入と行動科学（behavioral science）の広まりである[5]（cf. Hayes 1984；Wilson 1984；高坂 1988）。

　論理実証主義とは，1920年代から30年代にかけてのウィーンで勃興し，R. Carnap をはじめとする亡命者たちによって，アメリカに伝えられた，科学方法論に関する立場である。仔細は関係者たちのあいだで異なる点もあるが，ここでの議論に必要な範囲で，その主張の中心を要約すれば，数学や論理学に基づく形式的な記述と，それに対応するような厳密な測定を科学という営みの根底に据えることにあるといえる[6]。

　そのような主張を最も明確に表しているスローガンが「統一科学」である。そこでは，すべての科学が物理学の言語によって統一されることが望まれており，社会学もその例外ではなかった（Carnap 1932＝1986；Neurath 1931＝1959など）。すなわち，社会学は，19世紀から20世紀にかけてのドイツで議論されていたような，精神科学（Geisteswissenschaft）や文化科学（Kulturwissenschaft）ではなく，その他の動物を対象とした研究の場合と同様に，観察することのできる，物理的な対象としての人間の行動にのみ着目する，社会行動主義（Sozialbehaviorismus, social behaviorism）として統一科学のうちに組み込まれるべきとされていたのである（Neurath 1931＝1959）。

　他方で，行動科学は，1950年代前半にフォード財団と，その支援を受けたシカゴ大学において公式に用いられはじめた用語であり，1956年に *Behavioral*

Science 誌が刊行されたことに見られるように，アメリカ内で地位を得ていった立場である[7]．それはアメリカ独自の科学を取り巻く学術環境の中で醸成されたものである．行動科学は，19世紀末から20世紀にかけてのアメリカで生まれたプラグマティズムの哲学[8]と，J. Watson の功績とその批判的継承に基づく行動主義心理学，物理学者である P. W. Bridgman 由来の操作主義，そして，初期シカゴ学派による科学的な社会学への志向などを源流としている[9]．

　そのようなアメリカの知的伝統を行動科学の学術的な基盤とするならば，その実践的な基盤は，政策として勧められた学際研究である．後に行動科学と呼ばれるような領域に共通していた問題意識は，個人の社会環境への適応がいかにして可能か，ということであった．そのような問題意識は，2度の世界大戦や，恐慌を経験したアメリカでは，科学的な問いであるだけでなく，政策的に大きな意義を持つ研究であった．たとえば，第1次世界大戦後の1923年には，現在においても社会科学の諸分野を包含する組織である，Social Science Research Council が設立され，諸領域間の相互交流が進んだ．また，第2次世界大戦期には陸軍主導の下で兵士の態度に関する学際的な調査・研究が実施された．そこには相対的剝奪の提唱者として知られる，S. A. Stouffer や，数理・計量的な社会学の先導者となる，P. Lazarsfeld らも参加していた．

　この学際的な研究においては，各領域が独自の問題意識のもとで研究を進めるのではなく，領域間での共通の概念が要請され，共通する科学言語の必要性から，量化と記号化が求められていく．そして，政策的な要請もあいまって，客観性と精確さを追求する中で，自然科学を範とする，実証的な研究方法が鍛え上げられていくことになる[10]．

　さて，論理実証主義と行動科学は，それぞれの背景は異なるものの，結果として，共通する傾向を持っていた．すなわち，量化と記号化に基づく数学や論理学の使用と物理学をはじめとする自然科学的な志向，そして，社会学固有の問題意識を持つことよりも，他の領域との学際的な研究を重視するという特徴である．

　そして，それぞれがアメリカ社会学に影響を与え，後の数理社会学の成立を支える地盤を築いていったと考えられる．まず，論理実証主義については，G. A. Lundberg への影響を指摘することができる（Platt 1996；Platt & Hoch 1996）．

1950年頃のアメリカ社会学にはいくつかの学派が並立していたが，その1つが Lundberg が率い，S. C. Dodd や N. Rashevsky をメンバーとする，新実証主義学派であった (Timasheff 1950). Lundberg は，論理実証主義からの影響を明言しながら，自らの立場を自然科学としての社会学を目指すものとして位置付けている (Lundberg 1955).

　Lundberg 自身は測定の議論を中心に行い，数理社会学的な研究を行わなかったものの，その影響を受けた，Dodd は，独自の記号体系による社会学を構想しており，しばしば数理社会学の先駆けとして扱われている (Dodd 1942). また，同じく，Lundberg 学派の一員として扱われている，生物学者の Rashevsky も，論理実証主義の影響の中で，物理学のような生物学を構想し，その数理モデルを人間行動へと応用することを試みている (Rashevsky 1947; Abraham 2004)[11]. また，数理社会学のレビューの中で取り上げられることの多い，プレ数理社会学の代表的な研究とされる，G. Karlsson の研究は Rashevsky の指導の下で成立したものである (Karlsson 1958; 安田 1973a). 同じく，数理社会学の先駆的な業績の1つとされる，H. A. Simon による，G. Homans の小集団論の数理的定式化も，社会学（社会科学）への論理実証主義の浸透という文脈で理解することができる (Simon 1952; Wilson 1984).

　他方，行動科学もまた，数理モデルを用いた社会学の成立を促進していたといえる．1954年に刊行され，数理社会学の古典とされている，Lazarsfeld が編者を務めた論文集，*Mathematical Thinking in the Social Science* は行動科学という潮流の影響下で編まれたものだと考えられるからである (Lazarsfeld ed. 1954). Lazarsfeld による序文に，次のような記述を確認することができる (Lazarsfeld 1954). Lazarsfeld は，論文集のタイトルにも使われている，social science という語を，behavioral science と互換的に用いると宣言し，学際研究における共通言語としての数学の必要性説いている．そして，Social Science Research Council による，社会科学者への数学のセミナーが開かれていたことが記載されている[12].

　そのほかにも，たとえば，のちに *Journal of Mathematical Sociology* 誌の初代編集委員長を務める B. Lieberman や，同じく，編集委員を務めることになる H. White らが，*Behavioral Science* 誌へ数理モデルを用いた論文を掲載

していることからも，行動科学という潮流が数理社会学の成立に与えた影響をうかがい知ることができるだろう（Lieberman 1960；White 1963）．

　以上のように，1960年代半ば以降，数理社会学の制度化が進展することになる基礎は，論理実証主義や行動科学という，アメリカ社会学を取り巻く環境の影響によって，固められていたということができるだろう．それゆえ，初期の数理社会学は，両者に共通する方針を引き継ぎ，（統計学のような分析のツールとしてではなく）社会現象のメカニズムを説明するための，明晰な論理・理論としての数理モデル，そして，人間の行動とその帰結についての学際的な研究の共通言語としての数学の使用を掲げていたのである（Coleman 1954；Fararo 1973＝1980）．

　事実，初期の数理社会学は学際的であり，上述した Lazarsfeld による論文集には，Rashevsky も寄稿している（Rashevsky 1954）．そして，のちに初めて数理社会学と題する著書を執筆する，Coleman の同論文集内での仕事は Rashevsky の論考への注釈というかたちをとっている（Coleman 1954）．また，*Journal of Mathematical Sociology* 誌の創刊号の巻頭言では，広く社会科学全般からの論文を受け付ける旨が記載されており，その1巻2号では，経済学者である，T. C. Schelling による，エージェントベースドモデルを用いた研究の古典となる，人種間の分居についてのシミュレーションを行った論文が掲載されている（Schelling 1971）．

　では，上述したようにアメリカで育まれ，制度化していった数理社会学は，日本の社会学にどのように持ち込まれたのであろうか[13]．

(2) 日本における数理社会学の輸入

　日本への数理社会学の輸入と制度化のはじまりは，1973年に社会学講座（東京大学出版会）の一冊として，安田三郎編の『数理社会学』が刊行されたことにあるだろう．そこでは，本書が取り上げるゲーム理論をはじめ，当時の主要な数理モデルの紹介がなされている．その内容は同年にアメリカで出版された，Fararo による教科書と同様の水準にあり，当時の先端的な内容をフォローしているといえるだろう（Fararo 1973＝1980）．

　編者である安田の序文において，数理社会学は，同じく数学を用いる社会統

計学とは異なり，理論社会学として紹介されている（安田 1973a）．ここでいう理論社会学とは，社会学諸理論を包摂するものであり，社会学の各領域（社会過程論，家族論など）において現象を説明する理論を提供する営みのことである[14]．それゆえ，たとえば，ゲーム理論やマルコフ連鎖は社会学理論ではないが，それを用いる研究は理論社会学ということになる．

　その後，1970年代には，研究者の数はかなり限られていたようであるが，いくつかの研究会が組織されていた（西田 1978；今田 1980）．海野道郎によれば，数理社会学の名を冠した研究会は３つ，すなわち，海野が発起人の一人であり，1978年当時は東工大社会工学科の出身者が中心の「自主ゼミ・数理社会学方法論」（1972年発足），海野と平松闊を発起人とする関西以西の若手を中心とする「（仮称）数理社会学研究会」（1977年発足），そして，今田高俊，盛山和夫を発起人とする，東大社会学科出身の若手中心の「数理社会学研究会」（1977年発足）であった（海野 1978）．しかし，それ以外にも，J. G. Kemeny と J. L. Snell 著書の邦訳を残した[15]，甲田和衛らの研究会，小室直樹の自主ゼミ[16]，大阪大学における西田春彦の講義[17]の中で数理社会学の紹介・研究がなされていたようだ[18]．そして，今田高俊の微分方程式を用いた二者関係の分析が『社会学評論』に掲載されたのを筆頭に，数理社会学的な研究が蓄積されていくことになる（今田 1977；海野 1981）．

　そして，1980年ごろには各地に散在していた研究会がまとまり，数理社会学研究会が設立された（海野 1981）．その際，中心メンバーには，Fararo, White, Coleman の下にそれぞれ留学した経験のある，高坂健次，盛山，海野らがいた（高坂 2012）．この研究会は，テキスト的な色彩の強かった安田編の『数理社会学』に対し，2冊の論文集を出版するなど精力的に活動していた．1986年３月には研究会を母体として数理社会学会が設立，機関誌として『理論と方法』が刊行され，現在に至っている（数理社会学会編 1985, 1988）．

　以上のように，日本の数理社会学は，アメリカから数理モデルを用いた社会現象の分析という方法を輸入するところから始まったといえる．しかし，その研究水準は高く，Fararo の下に学んだ高坂のオーガナイズにより，*Journal of Mathematical Sociology* 誌で日本の数理社会学についての特集が1986年に組まれることで国際的に発信された（e. g. Kosaka 1989）．また，現在でも日米合同会

議が開催され，『数理社会学事典』が2022年に刊行されるなど，日本の数理社会学会は数理社会学の世界的な拠点の1つとして機能しているといえるだろう[19]（数理社会学事典編集委員会編　2022）[20]．

　次節では，上述したような数理社会学の成立・輸入の背景を踏まえながら，数理モデルによる社会現象の解明というアプローチと，（古典的な・非数理的な）社会学理論の関係がどのように扱われてきたかを論じていく．その際，本書が取り組む，意味をめぐる議論との関係が，とりわけ争点となる．

3　意味の社会学と数理社会学

⑴　社会学理論と数理社会学

　上述したように成立してきた数理社会学には，自然言語によって記述された社会学理論への態度という点では，重なり合うところのある，次の2つの流れがある（cf. 今田 2005）．第1に，伝統的な社会学的理論のオルタナティブとして数理モデルを捉えようとする，すなわち，自然言語で描かれた理論と別様の，場合によっては，それらよりもすぐれたものとして数学的に記述された理論を位置付けるような態度である．そして，第2の立場は，より積極的に非数理的な社会学理論へと向き合うことを推奨する，つまり，非数理社会学理論と数理モデルを関係づけようとする立場である．

　第1の態度は，アメリカにおける数理社会学の成立過程を考慮すれば，自明であろう．前節で述べたように，数理社会学は，理論における厳密な論理展開や概念規定を目指す，学際的な潮流の中で成立した領域である．したがって，そこでは，伝統的な社会学理論は脇におかれ，経済学や（社会）心理学といった領域で育まれた社会科学的な数理モデルが重用される傾向が生じることとなったと考えられる．

　たとえば，初期の研究では，先に挙げた Karlsson や Coleman の仕事の中に，そのような態度を認めることができる．また，日本においても，安田による，社会学由来でない数理モデルが社会学理論と並立しながら社会現象を解明することを目指す立場表明から，そのような傾向を読み取れるだろう．また，近年刊行された数理社会学の教科書においても，いずれも伝統的な社会学理論に章

を割かず，有用な数学的な道具立てを紹介することに専念していることから，現在でもそのような傾向が存在することがうかがえる（Bonacich & Lu 2012；小林・海野編著 2016）.

　他方で，数理社会学には，自然言語による社会学理論と向き合うことを積極的に問うていく態度も初期のうちから存在していた．すなわち，フォーマライゼーションと呼ばれている，既存の社会学理論に胚胎する数学的な構造を抽出することで，より論理的に明晰な理論へと鍛え上げようとする研究方針である．前節でも紹介した，Simon による Homans 理論のフォーマライゼーションを筆頭に，É. Durkheim も対象となっていた（cf. 今田 2005）．また，数理社会学の初のテキストの中でも，Fararo はしばしば例として古典的な社会学理論を援用している（Fararo 1973＝1980）.

　アメリカ数理社会学において，そのような方針が意識されていたことは，1984年，*Journal of Mathematical Sociology* 誌の記念すべき10巻目において，Fararo による「数学的アイデアと社会学理論」という特集が組まれたことからもみてとることができる．その特集に寄せた巻頭言において，Fararo は，上述したような，学際的な領域としての数理社会学から，社会学としての数理社会学の意義を検討する必要性があるとしている（Fararo 1984a）．そして，Fararo（1984b）自身は，ネオ古典主義と呼ぶ，古典的な社会学理論のフォーマライゼーションを標榜し，その研究は，のちに『一般理論社会学の意味』へと結実する（Fararo 1989＝1996）.

　他方，日本では数理社会学が輸入され，制度化された当初から，そのような態度が強く意識されていたと見ることができる．高坂は，1980年の段階で，Fararo の影響から，フォーマライゼーションの重要性を問うていた[21]（高坂 1988）．数理社会学研究会[22]には，社会学理論に関わるグループとして，「理論と概念のフォーマライゼーション」班，「権力現象の数理的解析」班[23]という２つの班が存在し，それぞれの仕事は『数理社会学の展開』（1986）の中に収録されている．また，『理論と方法』１巻１号では，高坂と井上寛がフォーマライゼーションの重要性を説く論考を寄稿している（井上 1986；高坂 1986）．2000年にも，『理論と方法』15巻２号で「社会学と数理的視座」と題する特集が組まれている.

また，書籍としても，甲田と高坂はそのような視点を有しており，近年でも，三隅一人が編集した論文集という，古典理論と数理的方法の関係を論じた業績がある（甲田・高坂 1989；三隅 2004）．その中で，たとえば，三隅は，渡辺秀樹によって整理された古典的な役割理論を，グラフ理論を用いて発展させることを意図した議論を行っている[24]（渡辺 1981；三隅 2004）．あるいは，高坂によって取り組まれていたテーマを発展させて，浜田宏の相対的剥奪をめぐる一連の研究もそのような傾向を持った研究として捉えられるだろう（e. g. 浜田 1999）．また，ゲーム理論の応用においても，ジレンマ研究は単なる協力行動の生成という関心をこえて，（Hobbes・Parsons 的な）秩序問題として捉えられるようになる（盛山・海野編 1991）．

では，そのような研究の方向付けがなされている中で，本書が取り組もうとしている，意味の問題はどのように扱われてきたのだろうか．それは，「数理社会学者にまさに悪夢のようにつきまとう」ものである（土場 1996：163）．そして，それゆえに／にもかかわらず，「特別に挑戦しがいのある，そして，やりがいのある領域」でもあるのだ（Hayes 1984：116）．

（2） 意味への数理社会学的アプローチの位置

意味の問題と数理社会学との関係を検討するために，まず，社会学における意味の扱いについて簡単に確認していこう．意味は，ドイツ科学論の流れの中で，M. Weber が社会学の研究対象として見出したものである（Weber 1922＝1972）．当時のドイツにおいては，新カント派的な流れの中で，W. Dilthey の精神科学と自然科学，H. Rikert の文化科学と自然科学といったように，現在でいうところの，人文社会科学と自然科学がそうであるように，その研究対象という観点から分類する議論があった[25]．

そのような背景のもとで，Weber は，社会学に固有の対象として，間主観的に成立している意味連関（動機や行動に付与される意味）を理解することを挙げている．すなわち，社会学固有の着眼点として，行為への意味付けを挙げたのである．そして，そのようなアイデアはのちの社会学者たちにも引き継がれ，その最も典型的なものが，Schutz, Garfinkel, Goffman らを代表的な論者とする，相互行為の中での意味付けの様相それ自体を社会学の研究対象とする一

連の研究群であろう（cf. Collins 1994＝1997）.

このようにして成立した意味への関心が，数理社会学の成立過程に目を向ければ相容れないもののように見えたために，1984年の段階で，Hayes がそう論じたように，意味の問題は手がつけられていなかったと考えられる[26]. 先に見たように，数理社会学の成立を支えた，論理実証主義や行動科学といった運動はいずれも自然科学的な志向が強いものであった. とりわけ，論理実証主義的を主導したウィーン学団の議論は，Weber が準拠していた精神科学や文化科学のような分類を批判するものであり，社会学に独自の対象を発見するというよりも，物理的な行動のみに着目することで他の諸科学との統合を考えるものであった[27].

他方，意味に焦点を当てる側からは論理実証主義・行動科学へは批判がなされていた. たとえば，Schutz はたびたび論理実証主義的な研究を批判しており[28]，その影響を受けていた，Garfinkel もそのような研究に対して批判的な立場を明確にしている[29]（Garfinkel 1960, 1967）. また，Goffman も，明示的な批判はしていないものの，（意識していたかどうかは定かではないものの）そのような研究方針からは距離を取ろうとしていたと考えられる. たとえば，「ゲームの面白さ論文」や *Strategic Interaction* では，ゲーム理論に言及しながらも，自身の議論はそれとは関心を異にすることを主張している（Goffman 1961＝1985, 1969）. また，ゴフマネスクとも称される，Goffman の独特の叙述スタイルは，論理実証主義・行動科学的な研究が志向する論理的な明晰さとはかけ離れた文体となっているといえるだろう（cf. Watson 2009）.

以上のように，数理社会学と意味を探求する方針は対立する立場となってきた. しかし，数理社会学が社会学であろうとするならば，意味への着目は不可欠なものとも考えられる. それゆえ，意味の問題は，「数理社会学者にまさに悪夢のようにつきまとう」，それでいて，「特別に挑戦しがいのある，そして，やりがいのある領域」なのである.

そして，そのような不幸な対立にもかかわらず，意味への数理的なアプローチの意義はたびたび主張されてきている. アメリカでは，先に触れた著書にまとめられている，Fararo の一連の研究が目立つのみだが，日本では『理論と方法』で意味をめぐる特集が組まれるなど，しばしば注目を集めてきた（「意味

と自己組織性」（3巻2号，1989年），「意味と社会システム」（5巻1号，1990年）[30]）．

　土場学は，数理社会学会賞受賞講演において，意味の問題に取り組む必要性を主張し，後の数理社会学会会長講演において海野はそのような態度を評価している[31]（土場 1996；海野 1998）．盛山も人々が抱く意味連関（「一次理論」）を解明する社会学理論（「二次理論」）が求められるとし，たびたび同様の主張を行っている（盛山 1995, 2000）．

　そして，上述したような方針の提示を受けて，より具体的な研究プログラムも提案されている．2005年に刊行された，三隅と高坂が編集した『シンボリック・デバイス：意味世界へのフォーマル・アプローチ』では，意味の問題に数理的な手法で対峙した諸論文が収録されている[32]．そこでは，言語を通してコミュニケーションを行っていくプロセスの数理的な研究は困難だが，その成立を支える，意味世界の定型的・定律的側面，すなわち，「シンボリック・デバイス」の探求が試みられている（三隅・高坂 2005）．

　盛山が提案した，意味への数理的なアプローチの方法もまた，シンボリック・デバイスの探求と重なるところのあるものである（盛山 2011）．すなわち，人々が生きる意味世界の背後には，その成立を支える，デバイス・構造（「構造的エッセンス」）があると措定し，それを数理モデルによって描き出そうとするものである．

　そして，そのような研究方針上の観点からではなく，具体的な研究の中でも，意味を捉えることの必要性が指摘されている．たとえば，秩序問題に取り組んでいる織田や，社会関係資本論を展開しようとする三隅による主張を挙げることできる（織田 2005；三隅 2013）．前者は，社会秩序の成立要件を問うためには，ゲーム理論的な枠組みには収まりきらない，行為への規範に従うという意味付けを捉えることが重要であること，後者は，人々のつながりの中での自他の類型化という意味の水準を捉えることが必要であることを主張している．

　さて，ここまでの議論を振り返りながら，社会学的に相互行為を捉える際に肝となる，意味の問題に数理モデルを用いてアプローチするという本書の問題関心の位置を確認していこう．まず，数理社会学は，論理実証主義や行動科学を源流としているということを確認すると，意味の問題を扱うこととは対照的な立場から生まれたものであった．そして，学際的な傾向をもつ数理社会学の

伝統の中では，社会学に固有のものと考えられている意味の問題に重きをおかれることはないものの，それが社会学の中で育まれるものである以上，意味の問題には取り組まざるをえない．とりわけ日本では，そのような方針のもとで数理社会学の可能性を広げようとする意欲的な主張や研究が蓄積されてきたといえるだろう．

では，そのような試みは意味の社会学，ひいては社会学全体にとってどのような意義をもつものであろうか．人々による行為への意味付けや，彼／彼女が生きる意味世界は，たしかに，記号論理学や数学の言語だけで理解し，記述することはできない．そういった対象を詳細に解明していくための1つの方針は，Schutz, Garfinkel, Goffman らの知見の上に立っている，エスノメソドロジーや会話分析であろう（cf. 前田 2015）．

しかし，三隅と高坂や，盛山が述べるように，個々の意味世界をつまびらかにするのではなく，その背後に潜む，すなわち，意味世界の成立を支えるメカニズムを同定し，それを数理的に表現することは可能だと考えられる（三隅・高坂 2005：盛山 1995, 2011）．その場合には，社会学的相互行為論における理論的な知見を参照することが不可欠であると考えられる．たとえば，Schutz やGarfinkel は相互行為が成立する条件についての理論的な考察を行っているし，Goffman は相互行為場面を捉えるための豊かなアイデアを提示している（cf. 浜2006）．

そして，意味への数理的なアプローチは，数理社会学の可能性を広げ，社会秩序や社会関係資本といった研究課題を展開しうるだけでなく，日常的な相互行為を扱う議論一般にも寄与しうると考えられる．たとえば，先述したように，Goffman の著述は概念の使用が一貫していないなど，論理一貫性を持ったスタイルになっているとはいえないだろう（cf. Watson 2009）．したがって，そこで提示されるアイデアを数理的に表現し，論理一貫性をもったモデルを構築することは，社会学的相互行為論全体を鍛え上げていくことにつながるのではないだろうか．

4　本書の構成

　本章の議論によって，不幸にもすれちがってきた，2つの学問的立場の背景を明らかにすることができた．そして，それによって・日常的な相互行為における意味付けのありようについて，ゲーム理論的にアプローチするという問題意識の位置を確認することができた．まず，そのような関心を有する先行研究は数理社会学の研究蓄積に比して少数に留まっている．それは，その成立過程において，とりわけ，発祥の地であるアメリカにおいて，数理社会学が学際的な傾向を持っていたために，相互行為における意味という社会学固有の問題に光が当てられることが少なかったからだと考えられる．しかし，とりわけ日本において推進されてきたように，数理社会学が社会学における営みであるならば，社会学理論との関係を積極的に論じていき，意味の問題へと数理的にアプローチしていくことは必要な試みといえるだろう．

　以下，本書では，次のように議論を進めていく．第1章では先駆的な業績である諸先行研究を紹介することを通して，本書全体を貫く枠組みと取り組むべき課題を抽出する．そこでは，まず，ゲーム理論と関連付けたときに，相互行為における意味構成を論じる視点には3つの水準があることが示される．すなわち，行為選択肢集合のようなゲーム構造の形成，間主観性の成立，そして，ゲーム結果に対する予想の充足／違背という3水準である．

　そして，先行研究は，それらの諸水準に対して合理的選択の結果として論じることを試みてきたことが明らかとなる．そこで，目的合理的な意思決定の前提となると思われる，ゲーム構造の形成と間主観性の成立という2水準を扱った先行研究を詳細に検討する．その結果，そのような研究は，ゲーム理論的な意思決定の前提をゲーム理論的に説明しようとしているがゆえに，困難に陥ってしまっていることが示される．

　したがって，本書では，その2つの水準について改めてゲーム理論的に考察していくことを通して，合理的選択の結果として説明できる可能性を模索することを目指す．その際，それらの水準を扱った社会学的相互行為論として，先行研究でも参照されていた，Schutz や Garfinkel の理論を取り上げ，それらと

ゲーム理論の関係を再検討することから議論をはじめていく.

第2章では，Schutz の行為論とゲーム理論との接続可能性を考察する（e.g. Schutz [1953] 1962＝1983）．Schutz の行為論においては，習慣などのように（目的合理的という水準では）行為を選択しないということが日常的な行為においては大半であることが指摘されている．しかし，行為を選択するような場面についても考察がなされており，そのような議論はゲーム理論と接合的であることが示される．すなわち，Schutz の議論において，行為の選択を行う場合の選択肢集合の形成や選択基準に関するものとして捉えることができる箇所は，ゲーム理論的な分析の前提，つまり，ゲーム構造の形成を論じたものとして扱いうることが明らかとなる.

しかし，次の2つの理由ゆえに，Schutz の議論はただちにはゲーム理論と接合できないこともまた明らかとなる．第1に，相互行為を分析する際の視点の相違である．Schutz は，相互行為に参加するある人物の視点に立って，その意味世界が構成されるしかたを論じるものである．それに対し，ゲーム理論は，科学者視点から相互行為場面を観察する枠組みであるため，両者をそのまま結びつけることは困難であろう.

第2に，相互行為参加者たちが生きる意味世界を同一なものとみるか，異なるものとみるかという相互行為観の差異である．Schutz の相互行為論においては，参加者それぞれの意味世界が異なるものとなっているという前提のもとで議論が進められている．そして，その上で，異なる意味世界を生きる他者とのあいだでも間主観性が成立するための条件について，考察を行っている．しかし，ゲーム理論においては，相互行為参加者双方が同一のゲーム構造を認識していることを「共有知識」という強い仮定によって支えることが一般的となっている.

それらの問題を解決するために，第3章では，Garfinkel の理論の検討とハイパーゲームという枠組みの導入を試みる（Garfinkel 1963）．Garfinkel は，エスノメソドロジーを打ち立てる以前は，相互行為に関する理論的な研究を行っていた．彼の理論は，Schutz と相互行為観を共有しながらも，彼とは異なり，そして，ゲーム理論と同様に，科学者の視点から相互行為場面を捉え，「構成的期待」や「信頼」という概念によって間主観性の成立を論じている．他方で，

序　章　意味の社会学と数理社会学のすれちがい　*17*

ハイパーゲームは，ゲーム理論の一般的な仮定とは異なり，そして，Schutz
や Garfinkel と同様に，相互行為参加者たちが異なる認識を行っていることを
前提としたモデルである．

　そして，ハイパーゲームにおいてゲームの成立を支える仮定である「主観的
共有知識」と，Schutz の「視界の相互性の一般定立」や Garfinkel の構成的期
待・信頼が，論理的に同一のものであることが示される．このことは，間主観
性の成立という水準について，ハイパーゲームを用いることでフォーマルな表
現が可能であることを意味している．その上，主観的共有知識によっては，
Garfinkel 理論によっては説明することが困難な，現実認識に多層性があるよ
うな場面，たとえば，一方が自らの認識している現実と相手が認識している現
実とが食い違っていることを認識しているような場面における間主観性のあり
ようについても数理的に表現できることが明らかとなる．

　さて，ここまでの議論は，先行研究が目的合理的な意思決定という観点から
捉えようとした，ゲーム構造の形成や間主観性の成立といった水準が，ゲーム
理論的な分析を行うための前提となっていることを示すものである．そして，
それによれば，そのような水準を扱ったものとして，Schutz や Garfinkel の議
論がゲーム理論に接続可能なものだとみなしうるだろう．

　しかし，ゲーム構造の形成や間主観性の成立といった 2 水準が分析の際に所
与とならざるを得ないことを認めた上でも，なお，それらの水準，そして，
ゲーム結果に対する予想の違背という水準にゲーム理論的にアプローチしてい
く 1 つの道筋が見えてくる．なぜなら，Garfinkel による違背実験の実験者が
そうしたように，他者が想定するゲーム構造の形成や，そして，予想の違背を
意図的に引き起こすことがあると考えられるからである．また，間主観性の成
立という水準についても，合理的な選択の結果として，そのありようが多層的
なものへと変容することも考えられる．

　そこで，第 4 章では，そのような方針のもとで研究を進めていくために，H.
Esser の状況の定義論と Goffman のフレーム分析を検討していく（Goffman
[1974] 1986；Esser 1996）．ここで，それらの議論に着目したのは，それぞれ次
の理由による．まず，Esser による状況の定義論を取り上げたのは，そこでは，
状況の定義を合理的な選択の結果として説明することが試みられているからで

ある．また，Goffman のフレーム分析を扱うこととしたのは，それが状況の定義の意図的な操作を捉える視角だからである．

　そして，それぞれの議論の検討を踏まえて，ゲーム理論的な分析の前提とみなしてきた，意味構成の2水準について，ゲーム理論的に説明しうることが示される．すなわち，合理的な選択を通して，自他のゲーム構造を形成することがあること，そして，一方が他方のゲーム構造を操作しているような場面においては，認識の多層性が生じるという点で，間主観性のありようが変化することが指摘される．

　その上で，もう1つの意味構成の水準，つまり，ゲーム結果に対する予想の違背という水準についてもゲーム理論的な検討も試みる．そこでは，双方が異なる行為選択肢集合や利得を想定していたとしても，それぞれが認識しているゲーム構造の中で予想される結果が同一である場合，予想の違背は生じることがないこと，また，互いの認識が似通ったものであったとしても，わずかな違いにより，それぞれが予想する結果が異なったものとなっている場合には，違背が生じてしまうことが示される．

　最後に，上述した議論に基づく本書の枠組みが，日常的な相互行為を経験的に分析しうることを試みる．第5章では，本書の視角が対象としうる現象として，嘘・秘密を取り上げ，それらを扱った社会学的な諸研究の検討を行う．その結果，社会学における嘘・秘密論が対象としてきた現象は，状況の定義への関わりという観点から，嘘，秘密，擬制，公然の秘密という4つの現象に分類することができること，そして，それらのあいだに移行関係があることが明らかとなる．その上で，本書の枠組みが嘘・秘密現象を捉えうることが示される．

　第6章では，嘘や秘密がある場面の分析に取り組んでいく．そこでは，分析対象として，人狼ゲームのある場面を取り上げた．ここで，人狼ゲームという遊びとしてのゲームに注目したのは，自然なやりとりの中で嘘や秘密を捉えることの困難が指摘されているなかで，人狼ゲームにおいて，嘘や秘密が大きな役割を占めるからである（中河 2015）．

　分析の結果，本書の枠組みのもとで，嘘や秘密が存在している場面をゲーム理論的に表現できることが示される．そして，そこでの分析があくまで遊戯としてのゲームという枠の中で行われているふるまいを対象にしていたのに対し

て，その枠を越えて，本書の枠組みが日常的な相互行為の分析にも応用可能であることが示唆される．すなわち，本書の議論が，「パッシング」，あるいは，「知覚の衝突」という，意味に注目した相互行為論が捉えようとしてきた現象を射程に収めていることが示唆される（Garfinkel 1940＝1998；Goffman 1963＝1970）．

　なお，本書中の図表について，特に出典の記載がないものはすべて筆者が作成したものである．

注
1 ）　政治学においては，たとえば，外交や国際紛争において，法学でも「法と経済学」という領域で用いられている（e. g. 飯田 2004；浅古 2018）．
2 ）　『理論と方法』1号（1986年）から64号（2018年）までで集計を行った．筆者の主観的な判断によるため，集計のしかたによって多少の前後はあるように思うが，意味の問題を扱った研究との蓄積の差を示すという目的には十分だろう．
3 ）　Etzrodt の論文は日本の雑誌向けにドイツ語で書かれたものの邦訳，Vollmer の論文は英語で書かれたものだが，Vollmer はドイツ語圏の研究者である（Etzrodt 2004；Vollmer 2013）．
4 ）　1989年には，Coleman が初代編集委員長を務めた，合理的選択理論を専門とする，*Rationality and Society* 誌も刊行される．*Journal of Mathematical Sociology* 誌と並び，数理社会学の有力な国際誌であるが，こちらはより学際性が高いとされている（三隅 2001）．
5 ）　以下で取り上げる数理社会学の萌芽的研究については，各レビューを参考にしている（Sørensen & Sørensen 1975；Fararo 1997；Edling 2002；安田 1973b；海野 1981 など）．また，高坂は，数理社会学が成立した背景については，論理実証主義の影響を指摘している（高坂 1988）．しかし，それと個々の研究や研究者との関係を論じる議論は空白になっていると考えられる．これは，北田暁大が，計量的な社会学の歴史に関する叙述の少なさを指して，科学化が成功したためにその歴史が省みられることがなかった，という指摘を行ったこととパラレルになっているといえるだろう（北田 2014）．すぐあとで見るように，数理社会学についても，その成立に大きな影響を与えた人物の1人は，北田が大規模社会調査や計量的な分析の歴史を追う中で論じた，P. Lazarsfeld である．なお，行動科学との関係については，明示的に論じている文献は管見の限り見当たらないが，後述するようにその繋がりは明らかだと考えられる．
6 ）　論理実証主義については，V. Kraft や石垣壽郎が詳しい（Kraft 1968＝1990；石垣 1994）．社会学への影響についても，これまで議論がなされてきている（Bryant 1985；Giddens 1978；Platt 1996；Platt & Hoch 1996；富永 1993；野家 2001；伊勢田 2004）．また，論理実証主義者たちの中には，社会的なコミットメントを積極的に行う者もあった（松井 2023）．そのコミットメントの中で，ピクトグラムによる教育方法の開発（Neur-

20

ath）やエスペラントなどの国際補助言語への傾倒（Carnap）といった，普遍的な思考のツールの普及を目指したことは，数学や形式論理学を用いた統一科学というアイデアと軌を一にしている．

7）　以下，行動科学についての概説は南博の整理に依っている（南［1976］2007：5章）．なお，南によれば，行動科学の隆盛は論理実証主義とは無関連とは言えないものの，アメリカ独自の事情による影響が大きいとされている．その指摘と，のちに見るように，論理実証主義経由と行動科学経由とでは数理社会学への影響の経路が異なると考えられるため，ここでは2つを分けて考えている．

8）　プラグマティズムのアメリカ社会学への影響については，たとえば，矢澤修次郎が論じている（矢澤 1984）．

9）　シカゴ学派の成立については，R. E. L. Faris と A. Abbott が詳しく論じている（Faris［1967］1970＝1990；Abbott 1999＝2011）．Abbot は，シカゴ学派と *American Journal of Sociology* の歴史を振り返った上で，社会学のこれからを論じる際に，White らのフォーマルな方法についても積極的な評価を行っている．また，シカゴ学派以前のアメリカ社会学については L. A. Coser を参照した（Coser 1978＝1981）．それらによれば，シカゴ学派は，それまで社会改良主義的な色彩の強かったアメリカ社会学を科学として制度化することを試みた．

10）　浸透していたダーウィニズムの影響から，当時のアメリカでは人間と動物を連続的に考える傾向があったがゆえに，社会科学者にとっても，自然科学的な志向を持つことは馴染みやすいものだったという（南［1976］2007：203-4）．

11）　すでに指摘されているように，「数理社会学」という術語をはじめて用いたのは，Rashevsky である（Rashevsky 1947：vi；Sørensen & Sørensen 1975：13）．そこで，Rashevsky は，生物としての人間によってなされる行動のメカニズムを解明するという目的を，「数理物理学および数理生物学の精神の下で，数理社会学（mathematical sociology）の体系の輪郭を描くことを試みる」と表現している．また，そのすぐ前の箇所で，Newton の法則と同じような法則を定立することは，社会現象についても可能であると述べており，そこに論理実証主義的な物理学主義の影響を見てとることができる．

12）　同時期に，The American Academy of Political and Social Science では，社会科学における数学の使用についてのシンポジウムが開催され，その内容は J. C. Charlesworth によってまとめられている（Charlesworth ed. 1963）．そこでは，社会学における数学の使用については，H. White と D. Martindale がそれぞれ論じている．

13）　ここでは日米以外の数理社会学については詳細に取り上げることはできない．しかし，ヨーロッパにおいても同時期に数理社会学研究はあった．フランスではアメリカでLazarsfeld と同僚だった経験のある，R. Boudon が数学や統計学を用いた社会学を広めようとしていた（Boudon 1971＝1978，1973＝1983）．ドイツでは，R. Ziegler が，Coleman や Simon の研究を踏まえて，自らの議論を数理的に展開している．Ziegler は，自身の研究を Formalisierung（形式化，フォーマライゼーション）と称しているが，

それは Carnap に由来するアイデアとなっている（Ziegler 1972：10）.

14）　『数理社会学』と同じシリーズの中で，第1巻が『理論社会学』，第2巻が『社会学理論』と題されている．前者は，必ずしも社会学理論とは言えないシステム論，後者はマルクス主義的な色彩が強い（cf. 西原 2016）．この区分に従うならば，『数理社会学』は前者に含まれるだろう.

15）　甲田は社会調査の専門家であり，戸田貞三や直井優と共著を残している．社会人類学へ関心を持ち，1960年代後半から人類学に比べて社会学において数学の導入が遅れていることに違和感を覚えていたという（甲田 1989）.

16）　富永健一ゼミのサブゼミとして1972年に東京大学構内で開始された．そこでは，数学や数理経済学などが学ばれており，数理社会学研究会へと繋がる参加者も多くいたようだ．小室ゼミについては，村上篤直による伝記が詳しい（村上 2018a，b）．また，橋爪大三郎が編集した小室を取り上げた書籍においては，当時の参加者たちによる回顧が収録されている（橋爪編著 2013）.

17）　高坂の回顧による（高坂 2014）．西田の専門は今の区分で言えば計量社会学だが，彼は Fararo の『数理社会学』を安田とともに訳し，数理社会学のレビューも行っている.

18）　西田と平松も，1960年代から70年代にかけての甲田，小室，西田の活動によって，「日本の数理社会学の揺籃期」が形成されたとしている（西田・平松 1987）.

19）　合同会議については，たとえば，『理論と方法』39巻1号（2024年）の特集を参照.

20）　とはいえ，厚東洋輔が指摘するように，日本の社会学全体の中では中心的な位置を占めるには至っていないというのが現状であろう（厚東 1997）．その背景には，いわゆる文系・理系のあいだの壁があるのかもしれない．日本における文系・理系の歴史的な変遷は，隠岐さや香が論じている（隠岐 2018）.

21）　この論文は原稿提出から刊行まで時間があいたため，1980年に執筆された本体と，刊行前に加筆された部分がある.

22）　80年に発足した数理社会学研究会の母体の1つである，今田と盛山を発起人とした東京大学社会学科出身の研究会（1977年）では，すでに理論社会学との連関が重視されていたという（海野 1978）.

23）　権力は日本の数理社会学の主要なテーマの1つとなっている．初期の代表的な研究として，宮台真司によるものを挙げることができる（宮台 1989）.

24）　渡辺の論文はそれ自体がバランス理論を用いた数理的な研究であり，数理社会学の先駆的な研究であるといえる（渡辺 1981）．渡辺は上述した小室ゼミに参加しており，その様子についても述懐している（渡辺 2014）.

25）　Weber の科学論や，その背景については，廳茂や向井守を参照した（廳 1995；向井 1997）.

26）　富永は，社会学史を振り返る際に論理実証主義的な傾向のある実証主義と，意味や望ましい社会のあり方を論じる理念主義という分類を提案している（富永 1993）．これに従うならば，数理社会学は実証主義に含まれると考えられ，後者に属する相互行為における意味の理論とは対立するものとして考えられる．ところで，望ましい社会のあり方

22

を論じることは，現在では，数理社会学的な研究課題とされている（盛山 2006）．そのような研究にゲーム理論を応用した例としては，武藤の研究を挙げることができる（武藤 2005a）．

27）　Weber は，社会学と自然科学の境界を意識する中で，動物についての学問と社会学のあいだに，動物の主観的意味を問うことの困難さをもって，線引きをしているように見える（Weber 1922＝1972：25-8）．他方で，集団行動の規則性などの水準では，動物社会と人間社会の連続性が存在しうると考えているように思える．

28）　詳しくは那須壽の議論を参照（那須 1993）．Wilson は数理社会学を論じる際に Galileo Galilei を引き合いに出しているが，E. Husserl の『危機』や，その影響を受けた Schutz の議論は，まさにそのような近代自然科学化に対する批判となっている（Wilson 1984）．

29）　ここで触れた Garfinkel の1960年の論文が *Behavioral Science* 誌に掲載されていたのは興味深い．そこでは，意思決定理論における合理的な行為者観が，Schutz の合理性論の観点から批判されている．なお，この論文と同様の内容を論じたものが後に *Studies in Ethnomethodology* に収録されている（Garfinkel 1967）．

30）　数理社会学が日本で制度化されていった時期と現象学的社会学やエスノメソドロジーなどの意味学派的なパラダイムが取り上げられはじめたのが同時期であること，日本においてはアメリカにおける行動科学のような学際的な繋がりが薄く，理論社会学として数理社会学が輸入されたことなどが，このような傾向を持っていた背景として考えられる（cf. 北川 1980）．

31）　とはいえ，浜田宏のように意味の問題を扱う必要はないという見方もある（浜田 2006）．数理社会学会の共通見解というわけではないことに注意が必要である．

32）　高坂は，数理社会学の先導者となる以前は，P. L. Berger ＆ T. Luckman が行ったような意味に関する議論に馴染んでいた（Berger ＆ Luckman 1966＝2003；高坂 1976）．このような個人の研究歴も日本の数理社会学史を振り返る上で重要な要素となるかもしれない．

第1章
意味とゲーム理論
―― 意味構成の3水準 ――

はじめに

　本章では，意味に注目した社会学的な相互行為の研究とゲーム理論を関係づけようとした先行研究を検討し，本書が数理的にアプローチすべき，相互行為参加者たちの意味世界の成立を支えるメカニズムの所在を明確にしていく（織田 1997；都築 2000, 2005；Etzrodt 2004；武藤 2005b；内藤 2011；Vollmer 2013）.

　それらの研究を検討するに先立って，まず，そこで用いられているゲーム理論的な枠組みについて，社会学への応用事例も交えながら紹介する（1節）. ついで，先駆的な先行研究が何を問うてきたのかを明らかにしていく（2節）. そこでは，相互行為における意味付けという問題はゲーム理論的には，3つの水準に分けられることが示される. すなわち，行為選択肢集合や利得の形成といったゲームの構造，間主観性の成立，そして，結果の違背が生じるか否かという3つの水準のそれぞれに対する，ゲーム理論的な分析が試みられていることが指摘される. そして，第1，第2の水準をゲーム理論的に論じる際の困難が指摘され，それを克服することが本書の課題として提示される（3節）.

1　ゲーム理論の基本的なアイデア

(1)　囚人のジレンマとナッシュ均衡

　ゲーム理論とは，「合理的な行為者同士が相手の出方を考えながら，それぞれに自分の手を選ぶ」という状況をゲームに見立てて表し，論理的な演算を通して，実現しうる結果を導出するモデルである. 最も基礎的なゲームの構成要素は，プレイヤーの人数，各プレイヤーに与えられている戦略の選択肢，そし

24

て，それぞれの結果，すなわち，各プレイヤーによる戦略の組に対する選好である．それらの情報は，利得表やゲームツリーといったかたちで表されることがある．また，これらの情報はプレイヤーのあいだで共有知識となっている，すなわち，「各人の情報をすべての人が知っていることをすべての人が知っており，そのことをすべての人が…」という状態がしばしば仮定されている．

さて，モデルの上で生じうる結果を導出する代表的な方法の1つがナッシュ均衡である．ナッシュ均衡とは，すべてのプレイヤーにとって，自分だけが戦略を変えても利得が増えない状態，すなわち，自分だけが戦略を変えるインセンティブをすべてのプレイヤーが持たないような戦略の組のことである．

前章でも取り上げた，社会学においてよく用いられる，囚人のジレンマや社会的ジレンマは，ナッシュ均衡を用いることで，その成立を見出すことができる状態である．図1-1は，囚人のジレンマと呼ばれるゲームの利得表の例である．行と列は各プレイヤーの戦略を表し，その組み合わせとしての結果に対するそれぞれの利得が書かれている．

このゲームでは，（自白，自白）がナッシュ均衡となる．すなわち，（自白，自白）においては，いずれのプレイヤーも自分だけが戦略を変えるインセンティブを持たないのである．たとえば，Aが戦略を「黙秘」に変更すると，結果は（黙秘，自白）となり，Aの利得は2から0に減少してしまう．

しかし，一目見てわかるように，このゲームにおいては，（黙秘，黙秘）がお互いにとって望ましい結果のように思える．その結果がパレート最適と呼ばれる状態，すなわち，誰の利得も下げずに1人以上の利得を上げることができないような状態となっているからである．そのように，望ましく思える結果があるにもかかわらず，それとは異なる結果が理論的に予測されてしまうことがジレンマなのである．

A		B	
		黙秘	自白
	黙秘	4, 4	0, 5
	自白	5, 0	2, 2

図1-1　囚人のジレンマの利得表（網掛けはナッシュ均衡）

第1章　意味とゲーム理論　　*25*

このようなジレンマの研究は，20世紀半ば頃から，心理学や経済学などにおいて協力成立の条件を導出するために学際的に取り組まれてきた問題である[2]．そこでは，繰り返しゲームや，生物学由来の進化ゲーム理論が援用されるなど，多くの業績が蓄積されている[3]．そして，日本の社会学では，相互協力が成立した状態を Hobbes 的な社会秩序の成立と重ね合わせ，秩序問題として取り組まれてきている（盛山・海野 1991）[4]．

(2)　調整ゲームと合理化可能性

囚人のジレンマゲームにおいて用いられる，ナッシュ均衡に加えて，ここでは合理化可能性と呼ばれる結果を推論する方法を紹介していく．それに先立って，調整ゲームと呼ばれる，その方法の有効性を示すことができるゲームを紹介していこう．調整ゲームとは，双方が同一の選択肢を選ぶことがナッシュ均衡になり，かつ，そのような均衡が複数存在するようなゲームのことである．たとえば，図1-2においては，(S, S) と (R, R) という，A と B がいずれも同じ戦略を選択する結果がナッシュ均衡となっている．

したがって，調整ゲームを扱う際には，どの均衡を人々が選択するのか，という均衡選択の問題がつきまとうことになる．これは Schelling が指摘したことで知られている問題である（Schelling［1960］1980＝2008：58-62）．Schelling によれば，そのような場面において，人々は，選択肢の中に何かしらの手掛かりを見出すことで，ある選択肢を際立ったものとして認識し（フォーカル・ポイント），それによって，複数ある均衡の中からただ1つを選択するという．たとえば，図1-2における調整ゲームにおいては，R と S という2つの選択肢のうち，アルファベットの順番を手掛かりとすることで，R が S よりも優先されるという認識が行われ，(R, R) が結果として生じると考えることができる

		B	
		S	R
A	S	2, 2	0, 0
	R	0, 0	2, 2

図1-2　調整ゲーム（網掛けはナッシュ均衡）

だろう.

　このような特徴を有する調整ゲームは，囚人のジレンマ同様，学際的に研究されてきている. 哲学においては，D. Lewis が詳細な議論を展開しており[5]，社会学においても，本書で扱う Goffman による言及，そして，T. Parsons のダブルコンティンジェンシーを調整ゲームと重ね合わせる議論がある（Lewis [1969] 2002＝2021；Goffman 1969；織田 2015）.

　さて，調整ゲームはナッシュ均衡とは異なる解概念を考えるきっかけともなるゲームである[6]. 図1-2のゲームにおいて，ナッシュ均衡に依るならば，生じうると考えられる結果は（S, S）と（R, R）の2つであった. しかし，それぞれのプレイヤーにとって，SとRを選ぶ決め手がなく，相手がどちらを選ぶのかがわからない場合には，両者がちぐはぐな戦略を選んでしまうこと，すなわち，（S, R）や（R, S）といったすれ違いといえるような結果についても起こりうるものとして考えられるのではないだろうか.

　そのような疑問に答えることができる解概念が合理化可能性である. 以下では，ナッシュ均衡との対比しながら，合理化可能性の特徴を捉えていきたい. ナッシュ均衡のベースとなっている考え方は，端的にいえば，それぞれの行為者が，実際にとるであろう相手の選択肢を予測し，それに合わせて自分の行為を選択するというものである. つまり，各行為者が「私が○○すれば，相手は××をするよりも△△する方が得だから，後者を選ぶだろう. それならば，私は○○をするよりも…」といったように判断した結果が実際に生じると考えるのである.

　他方，合理化可能性による結果の求め方は，次のようなものとなる. すなわち，各行為者が，相手が実際にどうふるまうかを予測することなく，自らの選択肢のなかで，どの選択肢に対しても最適なものとならない行為を逐次消去していき（「相手が何を選ぶにせよ○○は最適とはならない」→○○を消去→…），最後まで残ったものを選択すると考えるものである. そして，そのような戦略を合理化可能戦略と呼ぶ.

　たとえば，図1-2の調整ゲームにおいては合理化可能性に基づく推論の過程は次のように描くことができる. まず，プレイヤー A について見ていこう. A にとって，B が戦略 S を選択した時の最適な戦略は S である. そして，B

が戦略 R を選んだ時の A にとっての最適な戦略は R となっている．これはプレイヤー B についても同様である．このことは，A と B それぞれについて，相手が何を選んだとしても最適にならない戦略はない，すなわち，合理化可能性という基準によっては，生じうる結果を絞り込むことができないことを意味している．それゆえ，ナッシュ均衡になる 2 つの結果はもちろん，それでは捉えることのできないすれ違いが起こってしまうような結果についても視野に入れることができるのである．

　以上のように，合理化可能性は，相手の行為の予測ではなく，逐次消去という方法を用いることで，ナッシュ均衡よりも広く結果を予測することができる．このような性格は，逆に，解概念としては効力がないことを意味しているようにも思える．とはいえ，調整ゲームのように，ナッシュ均衡が複数あるゲームでは，そもそも，生じる結果を一意に定めることができないため，このことは重大な問題にはならない（Sasaki 2014：5-6）．むしろ，そのようなゲームを社会学的に扱う際には，後に取り上げる Vollmer の議論のように，理論的には複数の結果が予測されるにもかかわらず，実際には，単一の結果へと収束していくメカニズムを議論の俎上に乗せることが意義のあることになるだろう[7]．

(3)　ベイジアンゲーム

　ここまでで紹介してきたゲームにおいては，ゲームの構成要素である，プレイヤーの人数，各プレイヤーに与えられている戦略の選択肢と選好についてはそのすべてが共有知識となっていた．とはいえ，そのような仮定は強すぎるもののようにも思える．たとえば，あるプレイヤーにとって相手がどのような選好を持っているのかが不明瞭な場合というのは十分ありえることであろう．

　そのようなケースに対応し，すべての情報が各プレイヤーのあいだで共有されているという仮定を緩めたゲームは不完備情報ゲーム（incomplete information game）と呼ばれており，その 1 つがベイジアンゲームである．ベイジアンゲームでは，あるプレイヤーにとって相手がどのような選好を持っているのかが不明瞭なものとなっている状況をモデル化することができる．たとえば，図 1-3 のようなベイジアンゲームにおいては，クラシックとジャズのコンサートのチケットを持っている男性にとって，デートに誘いたい女性がクラシックが好

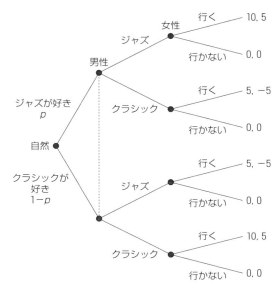

図 1-3　ベイジアンゲーム（佐藤（2008）より作成）
注）男性のノードを結ぶ破線は，男性自身がどちらの位置にいるのかが分かっていないことを表している．

きなのかジャズが好きなのかが判然としない状況を表している．そこでは，上述したゲームの要素に加えて，女性がどちらのタイプなのかを男性が主観的に見積もった信念，すなわち，女性がジャズ好きである確率 p が加えられている．

ここで，p は，相手のタイプについての主観的な予測を確率で表したものである．そして，このゲームにおいては，「自然」が確率 p に従って，女性がどちらのタイプにいるのかという状況に割り当てている．ここで男性はその確率 p についても考慮しつつ意思決定を行うが，その結果の予測は完全ベイジアン均衡という方法で行われる．そして，この場面においては，p の大きさ（0.5が閾値）によって，男性がどちらのデートに誘うかが決定されることになる．

以上のような特徴を持つベイジアンゲームは，社会学でも応用されている．本章で後に取り上げる織田の議論を始め，たとえば，籠谷和弘によるうわさ否定行動の分析を挙げることができる（織田 1997；籠谷 1999）．籠谷は，うわさの信憑性を確率で表しそれを広めたり否定したりすることの利得との兼ね合いで

うわさが広まっていくメカニズムが分析されている．また，ベイジアンゲームの発展形には，シグナリングゲーム，すなわち，あるプレイヤーが自身のタイプについて，他者の抱く確率に影響を与えるようなメッセージを送ることができるようなゲームがある．それは，たとえば，刑務所内での囚人間の序列形成について論じるために応用されている（Kaminski 2003）．

　ここまで，本章の議論で必要になるゲーム理論の枠組みについて概観してきた．次節では，これらのツールを用いて日常的な相互行為に関する意味の問題に取り組んできた諸研究を検討していく．

2　相互行為における意味付けのゲーム理論的研究

(1)　ゲーム理論的な意味の社会学の諸水準

　本節では，本書の目的に直接関わることになる先行研究，すなわち，ゲーム理論と意味世界を扱った諸理論との関係を論じてきた研究を検討し，本書が取り組むべき課題を導出する．それらの研究は大別すると，第1に，ゲーム理論と意味を扱った議論のあいだにある差異を強調するもの，そして，第2に，ゲーム理論を用いて意味付けの様子を捉えることが可能になると考えるものという2つの立場に分けることができる．本書は後者の立場をとるが，問題の所在を明確にするため，ここでは，前者の立場から議論を展開した，内藤準と都築一治の議論を検討していく（都築 2000, 2005；内藤 2011）．

　まず，内藤の主張から見ていこう．その主張の目的は，相互行為を捉える理論として，ゲーム理論とミクロ社会学理論の双方を挙げ，両者の差異，そして，協働することの意義を明確にすることにある．内藤は，社会学が相互行為を論じるに際して，そのしかたには2つの水準があるとする．すなわち，Schutzや Garfinkel，そして，Goffman ら社会学的相互行為論が扱ってきた意味構成的水準と，ゲーム理論によるモデル化が扱ってきた目的合理的水準である．

　内藤の議論を踏まえるならば，ここでいう意味構成的水準は，さらに2つの水準に分別できると考えられる．ゲーム理論との関わりでいえば，第1に，ゲーム理論が前提としているゲーム構造，とりわけ，行為の選択肢や効用関数が状況への意味付けの中で形成される過程，第2に，それが間主観的に同一の

ものとみなされる条件の探求である.

そして, 内藤は, ゲーム理論を用いて目的合理的水準を取り上げる際には, 意味構成の諸水準に関する知見を念頭におきながらモデル化を進めることを提案している. それによって, それぞれの不足を補うことができ, より詳細に相互行為を捉えることができると考えられるからである.

ついで取り上げる, 都築の議論は, ゲーム理論と接合可能な数理モデルを構築することを試みている. そこで, 前提とされているのは, ゲーム理論と相互行為における意味を扱う議論のあいだにあるギャップである. 都築によれば, ゲーム理論は行為の意味をめぐって人々のあいだで起こっている現象を捉えられないという. というのも, 人々による他者の行為の理解, すなわち, 外的な行動に対する意味の付与には常に曖昧さが伴うにもかかわらず, ゲーム理論ではあるふるまいに与えられる名称はただ1つにあらかじめ決まっているからである. たとえば, 囚人のジレンマにおける, 「自白」は, 果たして「観念する」ことなのか, それとも「相手を出し抜く」ことなのか, その意図・動機を考慮するとそれぞれ異なる行為であるにもかかわらず, ゲーム理論ではそれらを区別できないというのである.

そこで, 都築は, たとえば, Schutz が論じたような解釈図式や他者理解の過程, あるいは, 盛山が制度と呼ぶようなものを念頭に置きながら, 意図・行動・意味のあいだの関係を定式化することを目指した (盛山 1995). そこでは, ある人が自らの意図を行動に結びつけ行為とすること, そして, 他者のふるまいを解釈し動機を理解しようとすること, および, そのような意図と行動の連関を可能にする構造に焦点が当てられている.

その議論のエッセンスは次のように数理的に表現されている[8]. まず, 行為の意味／意図と, 意味を伴った行為の外的な過程, つまり, 行動を区別する. そして, 行為の意味／意図の集合 A, 外的に表出される行動の集合 B を想定し, 両者を結びつける関数として, $f: A \to B$ を定めている. これは, ある行為者が抱いている行為の意味／意図をある行動として表出するということを表している. そして, 相互行為におけるもう一方は, その逆関数である, $f^{-1}: B \to A$ によって, そのふるまいを意味／意図のあるものとして解釈することとなる.

第1章　意味とゲーム理論　　*31*

　このような都築の議論を，先に見た枠組みに位置付けるならば，それは意味構成の第1水準，すなわち，行為選択肢集合の形成について問うたものとして考えることができるだろう．すなわち，ゲーム理論では自明視されている，戦略の選択肢が有意味な行為となる過程や，それを可能にする構造に焦点を当て，ゲーム理論を補おうとするものである．

　以上のように，都築や内藤の議論は，意味の社会学とゲーム理論を互いに異なる水準を論じるものとし，両者が相互補完的に機能することを示唆するものである．それに対し，本書が試みたいように，ゲーム理論という目的合理的な水準から意味構成的な水準を論じた研究も存在している．

(2)　意味構成へのゲーム理論的アプローチ

　まず，相互行為における意味構成の第1水準，すなわち，ゲーム構造の形成に対してゲーム理論的にアプローチしたと位置付けることができる，Etzrodtの議論を見ていこう（Etzrodt 2004）．Etzrodtは，Schutzの行為に関する議論を「なぜ行為を選択しないのか」という問いに答えるものとして読解するところから出発し，ゲーム理論的な数理モデルによってその問いに答えようとしている．

　Etzrodtによれば，Schutzの相互行為論においては，ある行為者は，自らと他者を，たとえば，客と店員といったように類型化したうえで，「私のある行為が，相手がある行為をする動機になり，ある動機によって相手が実行したその行為が，今度は私がある行為をする動機になり…」という間主観的な動機の連関，すなわち，「あなたは〇〇のために△△をし，私は△△をされたから◇◇を行い，あなたは◇◇をされたから…」という動機の連鎖が成立することを前提としてふるまうとされている（Etzrodt 2004：107）．

　ここで注意すべきは，そのような動機の連関は，人々がそれについて有している知識と，その知識が両者のあいだで共有されているという期待によって支えられているということである．たとえば，ある人がカフェで飲み物を注文するとき，その人は次のことを自明視していると考えることができる（Etzrodt 2004：107-8）．すなわち，自らの「喉の渇きを癒す」という動機によってなされた「飲み物を注文する」という行為が（喉の渇きを癒すために注文する），店員

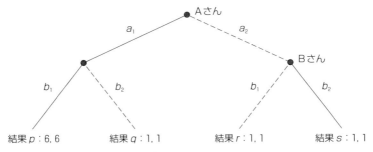

図1-4　Etzrodtモデル（Etzrodt（2004：110）の一部を改変）
注）実線は成立確率 $t=1$，破線は $t=0$ を表している．

が「応じる」ことの動機となり（注文されたから応じる），店員は「ちゃんと働いて給料を得る」という動機によって，注文に応じて商品を提供する，ということを自明視しているのである．その際，相手も同様の期待を抱いていることもまた，自明視している．

そして，そのような場面は，ゲームツリーを用いてモデル化することができるという（Etzrodt 2004：109-10）．Etzrodt は，まず，動機の連関の知識によって，相互行為の経路（私が○○をして相手が△△をする）が決定され，その経路をツリーとして表せるとする．しかし，それらの経路は期待によって支えられているため，不確かさをともなったものであると考えられる．そこで，Etzrodt は，それが成立することに対する確率的な評価 t が各経路に割り当てられる，という図1-3のようなモデルを構築したのである[9]．

これにより，「なぜ行為を選択しないのか」という問いへの答えを，動機の連関によって構成される経路がただ1つであり，かつ，それが生じる確率が1であるときには，行為の選択は行われないと考えられる（Etzrodt 2004：109）．というのも，そのような場合には，そのただ1つの経路上に位置する行為しか人々は行うことができないからである．

それに対し，図1-4のように，経路が複数存在するときには，それぞれが生じるであろう確率 t と，その結果が生じたときに得られる効用の積を比較[10]することを通して行為の選択を行うとしている（Etzrodt 2004：109）．図1-4では，行為 a_1 ─行為 b_1 ─結果 p という経路におけるその値が6となるのに対して，

第 1 章　意味とゲーム理論　　*33*

それ以外の経路では，どこかに $t=0$ となる動機の連関が含まれるため，結果
によって得られる利得にかかわらず効用は 0 ということになる．それゆえ，行
為 a_1 ─行為 b_1 ─結果 p という経路が選択されるのである．

　以上のような議論は，本書の枠組みにおいては，行為選択肢集合というゲー
ムの構造の形成に関わるものとして捉えることができる．そもそもゲーム理論
が想定するような相互依存的な行為の選択は，複数の選択肢があってこそ生き
てくるものである．そのようなゲーム理論的な分析が前提とする状況が生じる
か否かということを，ゲームツリーに基づく期待値の計算というしかたで論じ
ようとしたものだといえるだろう．

　そして，織田の議論もまた，ゲームの構造の形成を合理的選択の結果として
説明しようとしたものである（織田 1997）．ここで，織田が論じたゲームの構
造は，行為選択肢集合ではなく，ベイジアンゲームの信念にあたるものである．
ベイジアンゲームにおいては，信念と呼ばれる主観的な確率を，想定される相
手のタイプごとに割り当て，そのタイプによってゲームの構造は異なっていた．
そして，プレイヤーは，ゲームの結果から，信念を確定させていくと考えられ
ている．たとえば，前節で見た，ジャズとクラシックのどちらのコンサートに
誘うかという場面において，男性がジャズに誘い，それに女性が応じた場合，
男性の女性の好みに対する信念は「彼女はジャズが好き」といったものに確定
し，今後のデートの定番になると考えられるだろう[11]．そのような事態を，織田
は，均衡というしかたで共同主観化された現実が事実的拘束力を持つといった
表現によって捉えようとしている．

　以上のような織田の研究は，先述したように意味構成の第 1 の水準に関わる
ものであると同時に，これまでのものとは異なる水準がゲーム理論的に論じる
ことができることを示している．すなわち，ゲームの結果が予想されたものと
一致するかどうかという水準である．織田の議論の前提には，信念 p に基づく
予想が違背を起こす可能性があることを見て取ることができる．たとえば，先
のゲームでは，男性は「ジャズに誘い，応じてもらえる」と予測するが，実際
には，女性は断る可能性が残されている．

　そして，そのようなゲームプレイ前のゲーム構造に基づく予想の充足・違背
といった結果を踏まえて，ある現実認識がもっともらしさを持ったものとして

改めて立ち現れてくる．つまり，織田の議論は，意味構成の第3の水準ともいうべき，モデル上で行為者が予測した結果がその通りになるかどうかという水準を暗に提示しており，それがゲーム構造の形成という第1水準と関わっていることを示したものだといえるだろう．

次に紹介する Vollmer の研究は，その意味構成の第3水準に焦点を絞ってアプローチしたものだということができる（Vollmer 2013）．Vollmer が扱うゲームは調整ゲームである．先に見たように調整ゲームにおいては，各々の選択が一致することを理論的に予測することは困難である．しかし，実際にはプレイヤーの選択が一致することが多いことが知られている．Vollmer は，その調整のメカニズムを Goffman のフレーム分析を援用して論じようとしている（Goffman［1974］1986）．

Vollmer によれば，Goffman らの研究は，日常的な相互行為における，期待の暗黙の調整の達成メカニズムに向けられているという．ある相互行為状況が安定したものとしてあらわれるためには，双方が「行為 A を行う」という期待を互いに抱き合っている状態が維持される必要がある．というのも，そういった期待の調整がうまくいっていない場合，たとえば，相手の期待に背くようなふるまいをとってしまった場合には，恥の感情のような不快感を抱くことになってしまうからである．

そして，そのような期待の調整は，調整ゲームと同様の構造を示している，というのが Vollmer の主張の中心となっている．行為者たちが，互いに暗黙のうちに調整を行い，行為に関する同一の期待を抱いていれば相互行為は安定し，双方が利得を得ることができる．しかし，その調整が失敗をした場合には，恥の感情などによって，利得を得ることができないと考えることができるというのである．

さらに，Vollmer は，Goffman のフレーム分析というアイデアを相関均衡によってモデル化することで，調整問題の解決に生かそうとしている．Goffman（［1974］1986）は，フレームという概念を導入することで，人々が相互行為の中で能動的に状況の定義を行う様子を分析している．Goffman にとってのフレームとは，第1に，人々が環境を意味付け，状況の定義を行うための解釈図式であり，第2に，その状況の定義にふさわしいふるまいを規定するものである．

そして，各社会には，フレームの基底となる，プライマリー・フレームワークと呼ばれるものが存在し，それを軸にして，人々は自らの周囲の出来事を意味あるものとし，「今，ここで起きていること」を認識していくという．

　彼がこのような概念を導入した目的は，相互行為の際に参照されているフレームのうつろいやすさを分析することにあった（Goffman ［1974］1986：10）．そのような目的が顕著にあらわれている箇所の1つが，転調（keying）をめぐる議論であろう（Goffman ［1974］1986：ch. 3）．転調とは，プライマリー・フレームワークによってなされた意味付けや活動のパターンが，人々自身の読み替えによって，それまでとは異なるものへと変容されていく事態を捉える概念である．たとえば，プライマリー・フレームワークによって，「喧嘩」として意味付けられていた活動が，「喧嘩ごっこ」として認識されるようになることが考えられる（逆に，「喧嘩ごっこ」のつもりだったやりとりが，いつのまにか「喧嘩」になってしまうということもありうるだろう）．このような場面では，人々の手によって，「喧嘩」という活動が「真剣」という調（key）から「遊び」という調へと転調された，すなわち，その活動を認識し，適切なふるまいをするために参照するフレームが変容したということができるのである．

　さて，上述したような Goffman の議論によれば，期待の暗黙の調整は，ある相互行為の際に参照されているフレーム，とりわけ，調によってなされることになるという（Vollmer 2013：391）．すなわち，行為者双方が，共通のフレームを参照することで，状況の定義を行い，その場にふさわしいふるまいを行うように調整され，それゆえ，安定した相互行為がなされる，と考えられるというのである．

　そして，その様子を相関均衡という道具立てによって，フォーマルに表現できるのではないか，というのが Vollmer のアイデアである．相関均衡とは，R. J. Aumann によって提唱された概念であり，その要点は，ゲーム外部の事象に応じて（たとえば，さいころの目によって），行為者たちへ選択すべき行為の指示を出す「振り付け師」の存在を組み込んでいることにある（Gintis 2009＝2011；伊藤 2017）．そして，その指示を考慮に入れた上で，行為者たちが推論を行うことによって，調整ゲームの場合であれば，ただ1つの結果が相関均衡というかたちで導かれうるのである．

Vollmer の提案は，その振り付け師と調を重ね合わせることで，Goffman の議論をゲーム理論的に表現可能だというものである．Vollmer 自身は，具体的な議論は行っていないが，たとえば，先に挙げた喧嘩の例に則して，「喧嘩」というプライマリー・フレームワークによって規定される活動において，双方が「本気で殴る」と「軽く小突く」という選択肢を持っているような調整ゲームが生じているとしよう．その中で「真剣」や「遊び」といった調が振り付け師となって，前者の場合は（本気で殴る，本気で殴る），後者の場合は（軽く小突く，軽く小突く）という結果が相関均衡として導かれる，ということができるだろう．[12]

以上のように，Vollmer は，調整ゲームと相関均衡を通して先に見た意味構成の第 3 の水準にアプローチしている．行為者たちのあいだで期待の暗黙の調整が行われ，その期待が満たされたり，あるいは，違背したりするメカニズムを，Goffman を参照しながら，調整ゲームと相関均衡を題材に論じている．

最後に紹介する武藤の研究は，第 3 の水準に Vollmer とは異なる角度からアプローチし，また，第 2 の水準である，意味世界の間主観性の成立に対してもゲーム理論的にアプローチしたという点で独創的な試みである（武藤 2005b）．武藤の目的は「日常世界的秩序問題」，すなわち，「本来，多様な意味を容れる諸行動それ自体に対して，当事者たちが単一の意味を賦与する（あるいは，賦与できていると信憑する）のは，いかにして可能か」という問いをゲーム論的に定式化することにある（左古 1998 : 29）．そこでは，「自明な期待」と「個人的期待」，そして，「メタ位のゲーム」という概念によって，行為選択肢集合の形成や，それが間主観的に同一なものとなること，すなわち，各人が自らの抱く行為選択肢集合を他者と共通に知られているものとして認識するメカニズムが論じられている．

まず，自明な期待とは，言語や役割期待のような，「期待する側にもされる側にも，個人間による違いはないと了解されている」期待のことである（武藤 2005b : 22）．そして，そのような期待に従うことによって，行為者は自身や他者が行いうる行為から成る行為選択肢集合を形成することができるのである．たとえば，客と店員とのあいだのやりとりにおいては，自明な期待によって，客がとりうるものとして「A セットを頼む」，「B セットを頼む」，「C セットを

頼む」という3つの行為選択肢，そして，店員がとりうるものとして「その場で渡す」，「席まで持っていく」という2つの行為選択肢から成る行為選択肢集合が形成されると考えられるだろう（武藤 2005b：26-7）．

また，自明な期待は社会内に広く浸透していると考えられるため，それによって各行為者が形成した行為選択肢集合はおおよそ同じものだといえる．それゆえに，自明な期待による行為選択肢集合が共有知識になっていると仮定し，相互行為の様子をゲームの利得表として近似的に描くことができるのである（武藤 2005b：25）．

ここで，共有知識とは，「各人の情報をすべての人が知っていることをすべての人が知っており，そのことをすべての人が…」という状態を指している，ゲームの成立を支えるために広く用いられている仮定である．つまり，ゲーム理論が想定するような，互いに相手の手を読み合いながら，最適な行為を選択するという様子を描くために，各人が相手の手の内を十分に知っていることが仮定されるのである．

しかし，人々にとって可能な行為は，自明な期待によるものだけではない．たとえば，客や店員は，個人的期待に従うことで，「求婚をする」や「愚痴を言う」といった，自明な期待に反する行為をとることも可能である．このことは，行為者たちが，自分と相手が異なる行為選択肢集合を抱いている可能性や，想定外の相手の行為によって混乱が生じる可能性にさらされながら相互行為を営んでいることを意味している．

したがって，そのような状況に人々がおかれているにもかかわらず，日常の多くの場面で相互行為が秩序だったものとしてあらわれている，すなわち，自明な期待が絶対ではないにもかかわらず，「各行為者が行為選択肢集合への自明な期待をいだき，高い蓋然性でその集合の範囲内で行為するような相互行為状況」が成立しているメカニズムが論じられなければならないのである（武藤 2005b：24）．つまり，各人が行為選択肢集合を他者と共通に知られているものとみなすこと，そして，その範囲内で行為がなされる，そのような態度が維持されることという2つの観点から，相互行為における秩序が定義され，その成立メカニズムが問われることになるのだ．

そして，武藤はメタ位のゲームというアイデアによって，そのような秩序が

成立するメカニズムの説明を試みている（武藤 2005b：27-8）．つまり，上述し
たような，自明な期待によって形成された行為選択肢集合から成るゲームに先
立ってプレイされるものとして，双方が「自明な期待に従う」，「自明な期待に
従わない」という選択肢を持ったゲームを導入したのである．そして，この
ゲームにおいて，お互いが「従う」を選択したとき，相互行為の秩序が成立す
ると考えるのである．

　ここで重要なことは，メタ位のゲームが囚人のジレンマと同型の構造を持っ
ており，そのジレンマが信頼によって乗り越えられていると想定されているこ
とである（武藤 2005b：28）．このゲームにおいては，たとえば，「注文された商
品に毒を仕込む」のように，相手に悪意がある場合が考えられるため，双方に
とって，自分だけが「従う」を選択した場合の損失が大きくなってしまう．そ
れゆえに，双方が「従わない」を選択するという望ましくない結果が均衡と
なってしまうのだ（武藤 2005b：27）．そのような状況にもかかわらず，日常生
活の中で秩序を保つことができるのは，相手が自明な期待に従うにちがいない
と互いに信頼しあっているからなのである（武藤 2005b：28）．

　さて，上述した武藤の試みは次のように整理することができる．まず，そこ
では，人々が期待によって行為選択肢集合を形成するとされていた．その際，
そのような期待として，双方に共通する自明な期待の他に，個人的期待が考慮
されることで，各人が異なる行為選択肢集合を抱く可能性が示唆された．そし
て，そのような状況においても，人々が自明な期待に基づく行為選択肢集合を
間主観的に同一なものとみなすことで相互行為が成立し，さらには，そのよう
な態度が維持されることを，メタ位のゲームにおける信頼によって説明してい
るのである．

　以上のように，武藤のモデルにおいては，ゲームの構造の形成については自
明な期待というゲーム理論の外にある概念に依拠しているものの，その構造が
間主観的に同一のものだという感覚が生じるメカニズムとゲーム後の結果と予
想のズレとの関係をゲーム理論的に論じている．すなわち，意味構成の 3 水準
のうち，第 2 と第 3 水準との関係に焦点を当てたモデルだということができる
だろう．

3 意味とゲーム理論をむすびつけるために

(1) 意味構成の3水準

　ここでは，本書が取り組むべき課題を明確にしていく．そのために，前節の議論を改めて整理していこう．まず，ゲーム理論と意味の社会学的な相互行為論との関係を見ていく際には，相互行為を意味構成に関する，ゲーム構造の形成，間主観的同一性の成立，ゲーム結果における予想の充足・違背という3つの水準に分けて捉えていくことが有用であると考えられる．

　そして，先行研究によって，意味構成のそれぞれの水準に対して目的合理的な立場から研究がなされてきた．それは各水準をより詳細化していくものであったといえる．まず，第1水準において問題となるゲームの構造には行為選択肢集合や信念と呼ばれるものがあった．Etzrodt の議論は，行為選択肢集合の形成を Schutz の間主観的な動機の連関というアイデアからゲームツリーモデルで表現していた．すなわち，行為の選択を行う際に利得を計算することと同時に，各プレイヤーが自他の行為の連鎖の成立可能性を確率的に考慮するというモデルである．そこでは，ゲームが行われることと同時に，そのゲームの構造である行為選択肢の形成が問われていたといえるだろう．そして，重要なことは行為選択肢が1つとなり，事実上，行為の選択がなされないような場面についても議論の射程が及んでいることである．

　他方，同じく第1水準の議論にリーチしていると考えられる，織田のモデルでは，ゲームの構造の要素である，相手のタイプが問題となっている．そこでは，ベイジアンゲームを用いることで，相手のタイプ，そしてそれに伴う相手の利得に関する情報への不確実性を導入し，ゲームの結果を通して，現実認識がもっともらしいものへと更新されていく様子が描かれている．それは Etzrodt とは異なり，行為選択肢については所与のものとなっているものの，ゲーム構造の1つである信念について，それが更新されていくことを論じているという点で第1水準に属する議論だといえるだろう．

　次に意味構成の第2水準，すなわち，ゲーム構造の間主観的な同一性の成立について見ていこう．この水準にゲーム理論的にアプローチしたのは武藤で

あった．武藤はあるゲームの構造，とりわけ，行為選択肢集合が間主観的に同一なものだとみなされることを説明するために，そのゲームにメタ的に存在しているゲームがあると想定している．そして，そのゲームの結果，両者が双方を信頼することとなり間主観的同一性が成立するとした．

　最後に，意味構成の第3水準である，ゲームプレイ結果に対する予想の充足・違背について確認しよう．この水準についてもいくつかの位相が存在していると考えられる．まず，Vollmerは，ある相互行為状況が安定したものとしてあらわれるためには，双方が「行為Aを行う」という期待が暗黙裡に調整される必要があるとし，その様子を調整ゲームによってモデル化し，Goffmanのフレーム概念と相関均衡を重ね合わせることで，期待の調整が解決されるメカニズムを論じていた．

　また，先に第1水準に関わるものとして紹介した織田のモデルについても，この水準に関わる側面を見出すことができる．織田の議論は信念pに則り共同主観性が生じていき，それが制度と化すというものであった．そこでは相手のタイプが不明瞭な状態であり，それゆえ予測されるのとは異なる結果が生じたとしても，ゲームを重ねるごとに安定した結果が出るようになることが示唆されている．

　そして，武藤は，それぞれが異なる，しかし，ほとんど共通の行為選択肢集合を形成するというところから議論を出発する．その上で，それに基づくプレイの結果が双方の行為選択肢集合の枠内に収まっている，すなわち，各々が想定した範囲内に目に見えて現れるふるまいが収まっていることを相互行為秩序が保たれている条件として考えていた．

　以上のように，この第3の水準へのアプローチには，2つの位相がある．両者の違いは意味構成の他の水準との関係を見た時に明瞭になる．というのも，武藤の議論は意味構成第2水準である間主観性にも関わるが，Vollmerの議論はそうではないからである．Vollmerのモデルにおいては，振付師というルール＝構造を前提にしており，もしそれによる調整がうまくいかなかったとしても，確率的な予測に変更が加わるだけで基本的なゲーム構造自体は揺らがないだろう．というのも，合理化可能性という観点から見れば，調整ゲームにおいて，違背が生じることは想定の範囲内だからである．

そして，結果に応じて確率的な信念がもっともらしさを増していくという点では，織田の議論も Vollmer と同じ位相にあるものとして位置付けることができるだろう．他方，武藤の議論においては，想定している行為選択肢集合から外れた結果が生じてしまい，予期せぬ結果によって状況を把握することができなくなることが示唆される．すなわち，第2水準である間主観的同一性が維持できなくなり，ゲーム構造が根底から更新される可能性が存在している．

(2) 本書が取り組む課題

上述したように，意味構成の3水準それぞれに対してゲーム理論的な研究はアプローチしてきた．そして，そこでは諸水準間の相互連関の一端も示唆された．すなわち，第3水準の影響によって，第1水準や第2水準に影響を与えるということである．また，第1水準や第2水準，すなわち，ゲーム構造の形成やその間主観的同一性の成立といったことは，合理的選択を行うことや，それによって導かれる第3水準の議論の前提となっていることは自明であろう．

したがって，ここまで紹介してきた先行研究の中で，とりわけラディカルな議論を行っているものは，第1水準や第2水準に焦点を合わせている，Etzrodt と武藤の研究であるといえるだろう[13]．Etzrodt が取り組んだ，行為を選択するか否かといった問題は，もし行為の選択を行わないならばそのような状況についてのゲーム理論的な分析は有効性を持たないと考えられる．そして，武藤が取り組んだ，間主観的な同一性の成立についても同様である．というのも，その成立なくしてはゲームをプレイすることができないだろう．

しかし，そのようなゲーム理論にとって根底的な水準を扱っているがゆえに，いずれの研究も困難をはらんでいるように見える．Etzrodt の議論の出発点は，「私が○○をすることによって相手は△△をして…××という状態へ至る」という間主観的な動機の連関や行為の帰結に関する経路の成立可能性を論じている．そして，そのような経路が確率的に成立するというアイデアは，ベイジアンゲームと重なるものであり，ゲーム理論的にも妥当なものであるし，日々の生活の中の感覚にも則したものであるといえるだろう．

とはいえ，彼のモデルには次のような論点先取がある．すなわち，本来説明されるべきものである行為の選択が先取りされてしまっているのである．Etz-

rodt のモデルでは，先に見た経路の成立確率がただ1つをのぞいて0である
ときに行為の選択はなされないとしていた．そのような判断の基準となってい
たのは，成立確率と結果に対する効用とを掛け合わせたものの比較を通してで
あった．つまり，合理的な選択をするか否かの判断の中に合理的な選択が持ち
込まれてしまっているのである．

　武藤モデルもまた，困難を抱えている．武藤の議論の出発点は，日常世界的
秩序問題をゲーム理論的に分析するというものであった．ここで，日常世界的
秩序問題とは，盛山が名付けた問いであり，武藤は「本来，多様な意味を容れ
る諸行動それ自体に対して，当事者たちが単一の意味を賦与する（あるいは，賦
与できていると信憑する）のは，いかにして可能か」という，左古輝人による定
義を参照していた（盛山 1991：左古 1998：29）．

　武藤は，そのような問題に取り組んだ理論として，Garfinkel の信頼論を参
照している（Garfinkel 1963）．Garfinkel の信頼に関する議論は，端的にいえば，
相互行為場面において，双方が異なる現実認識を行っているにもかかわらず，
戸惑いなどなく安定した相互行為が成立しているのはなぜか，という問題意識
に導かれている（cf. 浜 2006）．そして，構成的期待や信頼といった概念を用い
て，「自分が抱いているものと同じ認識を他者も行っている．そして，他者も
同様の期待を抱いている」という状態が成立することによって，相互行為が成
立しているという解を与えている．

　それに対し，武藤モデルにおいては，ゲームの成立は囚人のジレンマと同じ
構造を持つメタ位のゲームによる相互協力が成立することによって達成される
のであった．まず，各々が各自の期待によって行為選択肢集合を形成する．つ
いで，その枠内に収まるしかたで行為がなされるかどうかがメタ位のゲームに
よって判定されるのである．

　このような議論は2つの問題をはらんでいる．第1に，内藤がすでに指摘し
ているように，意味構成に関わるメタ位のゲームが必ずしも囚人のジレンマ構
造を持つとは限らないということである（内藤 2011）．武藤はメタ位のゲーム
が囚人のジレンマになっているとした上で，Garfinkel の議論と重ねるように
して，そのジレンマが信頼によって解消されるとしている．しかし，もし，メ
タ位のゲームが囚人のジレンマ以外の構造を持つことがあるのであれば，その

モデルでは Garfinkel の信頼の一部しか表現できていないことになる.

　第2に，メタ位のゲームによって支えられるゲームに共有知識の仮定が持ち込まれていることである. そもそもの問題は，両者が異なる現実認識，すなわち，行為選択肢集合を抱いているにもかかわらず，ゲームが成立する可能性を問うものであった. そして，武藤もその点を注意深く意識しているが，それにもかかわらず共有知識という仮定が持ち込まれてしまっている.

　以上のように武藤モデルは，Garfinkel が取り組んだ問題に対する分析としてみると不十分な箇所があるといえる. まず，自明な期待によって成立するゲームが（近似的ではあるが）共有知識となっているという仮定ゆえに，Garfinkel が論じたよりも相互行為の成立条件が強く設定されてしまっていると考えられる. 武藤も議論の下敷きにしている Garfinkel によれば，たとえ互いに異なる認識を行っていたとしても，双方が自らの認識を間主観的に同一なものとみなすことによって，日常的な相互行為は成立している. 他方で，武藤モデルにおいては，各人が同一のゲームを間主観的なものとみなすことが相互行為の成立，そして，その安定性の条件として考えられている. すなわち，最終的なモデルの上で，双方の認識が異なっている可能性が退けられてしまっているのである.

　そして，メタ位のゲームにおけるジレンマが信頼によって乗り越えられるという成立要件についてもまた，Garfinkel とは異なっている. Garfinkel の信頼概念はゲームそれ自体の成立に関わるものであり，囚人のジレンマにおける協力を導くようなものとは異なっている. Garfinkel と武藤の違いは次のような例で考えるとわかりやすいように思われる. 大富豪（大貧民）と呼ばれるトランプのゲームは，細かな規則を定めた様々なルールが存在し，そのすべてが人々のあいだで共有されているとはいえない. すなわち，人によって，大富豪（大貧民）と言われたときに思い浮かべるルールが異なったものとなっているのである. Garfinkel は，そのような状況であっても，大富豪（大貧民）が成立するのはなぜか，という問いを立て，それに解答を与えた. 他方，武藤の議論は，人々のあいだでルールが共有されているとした上で，イカサマの心配をすることなく，ゲームが行われるのはなぜか，という問いに答えるものとなっているのである.

以上のように，ゲーム理論に関する意味の問題のうち，最もラディカルなことを試みた2つの研究はそれぞれ困難を抱えている．では，これらの困難を解決するためにどうしたらよいのだろうか．それぞれの水準について考えていこう．まず，ゲーム構造の形成，とりわけ，行為選択肢集合の形成について考えてみよう．Etzrodt の議論はこの問題にゲーム理論的に最もラディカルに切り込んだものといえる．というのも，行為の経路の成立可能性というしかたで行為選択肢が2つ以上あるか，すなわち，選択を行うかどうかが問われていたからである．この問題は，ゲーム理論の適用範囲に関わる，重要な問題である．Weber の行為の4類型を参照するまでもなく，日常的な行為の中で合理的な計算に基づく選択に依らないものが多いようにも思える．

したがって，改めて，選択をするか否かの境がどこにあるのかを見定め，そして，選択しないこともゲーム理論によって説明することができるのかを検討していく必要がある．また，間主観的同一性の議論についても再考することが求められるだろう．そこでは共有知識という仮定が持ち込まれることで，双方が異なる認識を持つという問題の前提が狭く捉えられてしまっていた．そこで，そのような問題意識のもとで間主観性の成立を論じた諸議論を今一度検討する必要があるだろう．

次章では Schutz の行為論を概観し，それとゲーム理論の関係を論じていく．ここで Schutz に注目するのは，Etzrodt が参照した議論であること，そして，武藤が参照した Garfinkel の信頼論との連続性が指摘されているからである（浜 2006）．

注
1） ゲーム理論については佐藤嘉倫，グレーヴァ香子，岡田章を参照している（佐藤 2008；グレーヴァ 2011；岡田 2011）．また，中山智佳子や重田園江による，経済学史，思想史的にゲーム理論を取り上げている研究は，本書の関心について考える上で参考になる（中山 2010；重田 2022）．
2） たとえば，A. Rapoport と A. M. Chammah による研究が著名であるように，この問題は20世紀半ばから取り組まれてきた（Rapoport & Chammah 1965＝1983）．
3） 大林はメンバーに流動性のある集団において協力が生じる条件を論じている（大林 2013）．また，吉良洋輔は，協力行動研究と同様の繰り返しゲームや進化ゲーム的な観点から，逆に，望ましくない規範・慣習が成立してしまう条件を分析している（吉良

第1章　意味とゲーム理論　　*45*

2017).

4）　ただし，限界も指摘されていることには注意が必要である（cf. 池 1993；織田 2015).

5）　Lewis の議論について，社会学的な文脈においては，盛山が検討している（盛山 1995).

6）　ナッシュ均衡と合理化可能性との関係については，グレーヴァ香子と Y. Sasaki を参照した（グレーヴァ 2011；Sasaki 2014).

7）　筆者らは，すでにそのような観点から均衡選択の問題に取り組んでいる（小田中・吉川 2018). そこでは，Goffman の「変形ルール」というアイデアを援用した数理モデルによって均衡選択メカニズムを説明している（Goffman 1961 = 1985). この研究は，後述する Vollmer の研究を乗り越えようとするものである（Vollmer 2013). そして，本書全体で構築される枠組みと接続可能なものだと考えられる.

8）　都築の理論はファジィ集合という道具を用いて相互理解の曖昧さにも踏み込んだものであるが，ここではそのことを指摘するに止める.

9）　経路の実現可能性を評価する確率 t については，ここでは単純化して取り上げる. 詳しくは，Etzrodt の議論を参照（Etzrodt 2004：110).

10）　Etzrodt は，ここで効用関数によって，結果を評価することをモデルのなかに取り入れている. その際，相手による結果の評価も明示している. これが可能なこと，すなわち，Schutz による，生じうる結果（企図）への評価と，それに基づく選好についての議論が，期待効用理論によって表しうることは次章で示す.

11）　織田の議論はより込み入ったものであるため，ここでは論点を明確にするために単純な例に置き換えて考えている. 織田は，N. Luhmann がいうところの予期構造についてベイジアンゲームを用いて論じている. そこでは，双方が行う相手のタイプについての予期の連鎖，すなわち，「A さんは相手がこのタイプだと予期しており，B さんはそのことを予期しており，A さんはさらにそのことを予期しており…」といった連鎖がどこで止められるかによって，ゲームの結果が異なることが示される. そして，そのことを通して，予期構造が共有知識化していることの重要性が指摘される. このような問題意識は，現在のゲーム理論の枠組みでは，レベル K 理論に関するものと考えられる. レベル K 理論については，川越敏司の解説が詳しい（川越 2010).

12）　しかし，上述したようなモデル化は，次の2つの理由により，困難を抱えていると考えられる（小田中・吉川 2018). 第1に，フレーム分析というプログラム自体が抱えている，検証可能性に関する困難である. 中河伸俊が指摘しているように，『フレーム分析』においては，その議論の鍵となる，プライマリー・フレームワークが不明瞭な概念となっている（中河 2015：142-6). 第2に，Goffman のアイデアを数理的に定式化する方法についても不十分な点である. 先にみたように，フレーム概念を提唱した際の Goffman の狙いは，相互行為における意味付与の過程，および，行為の指針の双方を捉える視座を確立することにあった. だが，相関均衡による定式化では，行為の指針の側面のみが取り上げられ，意味付与の過程については看過されてしまうのである. 相関均衡モデルにおいては，行為者たちはすでに意味付けられたゲームをプレイしており，か

つ，環境に応じて状況の定義の選択を行うのは振り付け師の役割となっており，場合によっては，行為者が自らのおかれている環境を知ることさえできないとされている（cf. 伊藤 2017）．つまり，自ら状況の定義を行い，時に，転調のようなしかたでそれを読み替えていくという，Goffman が捉えようとした，人々による意味付けの動的な側面が見落とされてしまう．

13) 織田も第1水準に属するものであるが，先述したようにある所与のゲーム構造を前提にした議論であるため，ここでは検討対象から除く（織田 1997）．

第2章
Schutz の行為論とゲーム理論
——ゲーム構造の形成——

は じ め に

　本章では，行為の選択をするか否かという問題，そして，間主観性の問題と
ゲーム理論の関係について考察していく．そのために参照するのが，Schutz
の行為論である．ここで Schutz に着目したのは，前章末でも述べたように，
次の2つの理由からである．第1に，行為の選択をするか否かという問題に取
り組んだ Etzrodt が Schutz に依拠しながら議論を展開していたこと，そして，
第2に，Schutz の行為論の基礎となっている意味世界の構成に関する議論は，
同じく本書の課題として提起された，間主観的同一性の成立の問題についても
取り組んでいるからである．

　以下では，まず，Schutz による行為者の意味世界が構成されるメカニズム
に関する議論，および，行為論を紹介していく（1節，2節）．その際，Schutz
の議論は，本書の関心に沿い，「なぜ行為を選択しないのか」，「いつ行為を選
択するのか」，「いかにして行為の選択肢は構成されるのか」，そして，「どのよ
うに行為を選択するのか」という4つの問いの観点から整理していく．

　その後，前章で検討した Etzrodt の議論や，その背景となっている，Esser
の議論を Schutz の議論と照らし合わせることを通して，彼の議論とゲーム理
論との関係を考察していく（Esser 1993）（3節）．そこでは，「なぜ行為を選択し
ないのか」，「いつ行為を選択するのか」という点については，さしあたり，数
理的な意思決定モデルで表現することは困難であるものの，ゲーム理論的意味
構成の第1水準に関わる，「いかにして行為の選択肢は構成されるのか」，「ど
のように行為を選択するのか」という2点については，Schutz の議論を参照
し，ゲーム理論と意味に関する議論を接続できることが示される（4節）．

1 Schutz 行為論の基本的なアイデア

(1) 単独行為の成立

　本節では，上述した 4 つの問いを念頭におきながら，Schutz 行為論の整理を試みる．はじめに，比較的単純であると考えられる単独での行為を取り上げ，それを踏まえて，相互行為についての Schutz の議論を検討する．まず，行為の分析へと立ち入る前に，Schutz が，人々が世界を認識し，そこに意味を付与するしかたについて，どう論じていたかを確認しておこう．Schutz によれば，それまでの経験によって獲得した知識を準拠図式とすることで，人々は世界を解釈している．そのような知識は，世界を類型的に経験することを可能にするものである（Schutz［1953］1962＝1983：54）．つまり，人々は類型に関する知識を用いて，たとえば，「駅」，「ホーム」，「電車」のように，世界を分節化して知覚しているのである．そして，人々は，Schutz が「利用可能な知識」と呼ぶ，そのような知識を自明視している（Schutz［1953］1962＝1983：54）．すなわち，人々はその知識が通用するものであることを疑っていない，と考えるのである．

　さて，Schutz は，人々の行為もまた，利用可能な知識に基づいて遂行されるとしている．以下では，単独の行為者について，先述した 4 つの問いを軸としながら，Schutz による単独での行為についての考察を概観する．Schutz は，行為者が，ある行為を思い立ち，それが実行に移されるまでの内的なプロセスを論じているが，それは図 2 − 1 のように表すことができる[1]（Schutz［1951］1962＝1983，［1953］1962＝1983 など）．

　まず，Schutz は，行為がなされるためには，「企図」が必要であるとする．企図とは，「空想的想像によって未来の行動を予想すること」を意味している（Schutz［1953］1962＝1983：69）．つまり，Schutz は，これから行おうとする行為が完遂された状態についてのイメージを抱くことが，行為の実行には不可欠であるとしているのである[2]．たとえば，電車に乗るという行為の企図は，電車に乗って，学校へ到着している様子を想像するということになる．

　そして，人々は，「目的動機」を抱くことによって，企図を実現するために

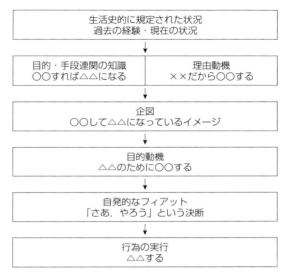

図 2-1 Schutz 理論における単独での行為のプロセス

行為を実行にうつす（Schutz［1951］1962＝1983,［1953］1962＝1983）．目的動機とは，「学校へ行くために，電車に乗る」のように，「～するために（in order to）」というしかたであらわすことができるものである．この動機は，「『自発的なフィアット』，つまり，『さあ，やろう！』という決断」（Schutz［1951］1962＝1983：139）を動機付ける．そして，それによって，「学校へ行く」という企図された事態へと至るために，「電車に乗る」という行為を実行に移されるのである．逆にいえば，目的動機が抱かれなければ，企図は想像の次元にとどまるということになる．

また，Schutz は企図の成立や目的動機を抱く経緯についても論じている．そこでは，行為者がそれまでに経験してきたことによって規定される，「理由動機」と利用可能な知識という 2 つの要素が取り上げられている．まず，重要になるのが，理由動機である（Schutz［1951］1962＝1983,［1953］1962＝1983）．これは，「学生だから，学校へ行く」のように，「～だから（because）」というかたちであらわされるもので，学生であることや，ある環境で育ったことなど，その行為者の現在の状況や過去の経験によって規定されるものである．この動

機によって，行為者のなかで，ある目的が抱かれ，それについて企図するきっかけが与えられるのである．

　そして，企図の成立は，それを行う人がその時点で持ち合わせている利用可能な知識に基づいて行われる（Schutz［1953］1962＝1983：69）．その知識は，「手段と目的の現実的な連関」についての類型的なものである（Schutz［1953］1962＝1983：71）．Schutz は，そのような知識を「料理教則本的知識」（レシピ）とも呼んでいる（Schutz［1943］1976＝1991：109-10）．それは，レシピが「○○をすれば□□ができる」ということを教えてくれるように，目的と手段の関係を示唆してくれるものである．たとえば，ある人が毎朝同じ電車に乗って学校へ向かうのは，「8時発のα行きに乗れば，ちょうどよい時間に教室に着くことができる」ということを知っているからである．そのような知識があることによって，ある行為を実行した際に，ある目的が達成されている状態を企図できるのだ[4]．

(2) 相互行為の成立

　上述したように単独行為を論じていた Schutz は，相互行為についてはどのような議論を行っていたのだろうか．Schutz による相互行為論は，他者とともに生きるなかで，人々が世界や行為を間主観的なものとして意味付けているしかたに焦点が当てられているように思われる．単独での行為の際と同様，行為を論じるに先立ち，世界への意味付与のレベルを確認していこう．前項で述べたように，人々は，過去の経験によって獲得された知識によって，自らが生きる世界に意味を与えている．人々は，他者のこともまた，それまでに獲得された知識に基づいて，「郵便集配人」や「友人 A」のように，類型化して認識している（Schutz［1953］1962＝1983：66）[5]．その際，それぞれの類型に対して，「郵便集配人は手紙を宛先通りに届ける」のような行動様式，あるいは，その類型の人がとるであろう態度を予期している．そして，このような類型化は，自分自身に対してもなされている（Schutz［1953］1962＝1983：68）．

　ここで重要なことは，知識に基づいてなされる状況の定義は，人々のあいだでそれぞれ異なっているということである．なぜなら，過去の経験は当然，人々それぞれにとって独自のものであり，それゆえ，それによって獲得された

知識も，人々のあいだで異なったものであると考えられるからである（Schutz
［1953］1962＝1983：57）．

　人々は，そのような状況のなかで，次のようなしかたで，世界を間主観的な
ものとして意味付けている．まず，日常生活において人々は，自分と同じよう
な理解力を持った他者が存在していることを自明視している（Schutz［1953］
1962＝1983：59）．つまり，人々は，他者も自分と同じように，対象を意味付け
しうる存在であると想定している．しかし，それと同時に，人々は「『同一の』
対象といえども，私からみる場合と誰か他の人から見る場合とでは，厳密にい
えば異なった何ものかを意味しているに違いないということも知っており，し
かもそのことを自明視している」のである（Schutz［1953］1962＝1983：59）．た
とえば，「同じ」コップであっても，私にとっては「特別なコップ」であるが，
相手にとっては，それがどう見えているのかが，少なくとも，私が見ているの
とはちがった風に捉えているという程度にしかわからないのである．

　Schutz は，このような状況は，「視界の相互性の一般定立」によって乗り越
えられているとしている（Schutz［1953］1962＝1983：60）．それは，次の2つの
理念化によって構成されるものである．すなわち，ある人が，「私が彼／彼女
と立場を交換するならば，彼／彼女が実際にしているのと同じようにある事柄
を類型化してみることができる」ことを自明視し（「立場の交換可能性の理念化」），
そして，「生活史的な状況のちがいによって生じているであろう，私と彼／彼
女のあいだの視界の相違が，当面の目的にとっては，問題がないものであると
みなすことができる」と自明視していることである（「関連性の体系の相応性の理
念化」）．ここで重要なことは，これらの理念化が，いずれも，「彼／彼女も私
と同じように理念化を行っている」ということを自明視することを含んでいる
点である．

　このような理念化が行われることによって，人々は間主観的な意味付与を行
うことが可能となる．先のコップの例でいえば，視界の相互性の一般定立に
よって，ある行為者が，お茶を飲むという当面の目的と照らし合わせたとき，
そのコップに対して，「われわれにとって『普通のコップ』である」と意味を
付けることができるようになるのだ．

　以上のような，世界への間主観的な意味付与についての議論を踏まえ，

図2-2 Schutzにおける相互行為の成立プロセス

Schutzの相互行為についての考察を見ていこう．それは，単独の行為の場合と同様に，行為が実行されるプロセスを扱ったものとみなすことができ，図2-2のように表すことができる．まず，単独の行為の場合と同様に，行為の実行は生活史的に規定された状況，すなわち，過去の経験や現在の状況についての認識に基礎づけられている．相互行為の場合には，それに加えて，上述した視界の相互性の一般定立と「動機の相互性の理念化」という2つの理念化が成立を支えている．

そして，Schutzによれば，視界の相互性の一般定立によって基礎づけられた，「動機の相互性の理念化」というもう1つの理念化が成立することが，相互行為を可能なものとしている（[1953] 1962＝1983：73）．前項で述べたように，Schutzにとって，行為（「電車に乗る」）は，理由動機（「～だから」）によって企図がなされ（「学生だから学校へ行く」），それを目的へと変換する目的動機（「～のために」）という2つの動機が前提となっていた．

しかし，相互行為の場合には，動機のあり方がより複雑なものとなっている．Schutzにならって，質疑応答を例としながら，そのあり方を見ていこう

（Schutz［1953］1962＝1983：72-3）．ある人が，ペンのインクの在り処について適切な情報を得るという状態を企図し，それを実現するために，相手に対して，「インクはどこにありますか」と質問をするとしよう．このとき，その人は「相手は私の行為を…質問として理解するであろうということ」，そして，「そのように理解することによって，私が彼の行動を適切な応答として理解できるしかたで行為するようになるだろうということ」を予想しているといえる（Schutz［1953］1962＝1983：72）．

　このような事態は，動機という用語によって次のように説明することができる（Schutz［1953］1962＝1983：72-3）．たとえば，質問をするという行為の目的動機は適切な情報を得ることである．そして，この目的動機は，質問を理解することが，相手にとって，それに答えること，つまり，情報を提供することを目的とした行為を促す理由動機となることを前提としている（質問されたから，インクのある場所を教えてあげるために，テーブルを指さす）．

　より一般的にいえば，「行為者の目的動機は相手の理由動機になるだろうし，また相手の目的動機は行為者の理由動機になるだろうという理念化」がなされていることになる（Schutz［1953］1962＝1983：73）．これが動機の相互性の理念化である．そして，その理念化によって，「私」と「相手」のあいだで自明なものとして扱われるのが動機の連関についての知識である．これは，上述したような，「私が○○することが相手の△△の理由動機となり…」という知識である．その理念化された知識と理由動機によって企図が成立し，目的動機が抱かれることによって，行為が実行されるのである．

　以上が相互行為の成立についての Schutz の議論の概要である．では，そのようなしかたでなされる相互行為において，行為の選択はいつ，どのように行われるのだろうか．

2　行為の選択はいつどのようになされるのか

(1)　いつ行為の選択がなされるのか

　本節では，上述したような Schutz の行為論において，行為の選択を行うか否かという点についてどう論じられているのかを概観していく．その際，重要

なことは，Schutz が「選択（choice）」と「選定（selection）」というよく似た言葉を全く異なる概念として用いていることである（e. g. Schutz［1943］1976 = 1991：115）．端的にいえば，選択が複数の選択肢の中からより望ましいものを選び出すこと，他方，選定は，そのような熟慮をすることなく，選択肢を選び出すことを，それぞれ意味している．

この用語法に従えば，Schutz の理論において，行為の選択が行われないのは，ただ 1 つの企図が選定される場合であるということができる．つまり，ある目的を果たすための手段についての知識がただ 1 つであり，それを疑うことがないとき，選択されることなく，行為は実行に移されるのである．たとえば，習慣と呼ばれる，「ベッドを抜け出てからベッドに就くまでのわれわれの日常的活動の大半」はこのような活動だといえる（Schutz［1943］1976 = 1991：110）．

他方で，行為の選択が行われるのは，目的を達成するための手段が複数考えられ，両立不可能な複数の企図が成立している場合，あるいは，企図しうる事態がただ 1 つであっても，それが達成できるのかが疑わしい場合である．前者は，初めての場所へ行く際に，乗換案内や時刻表から割り出した，実現可能ないくつかのルートのなかから，実際に実行するルートを決めるような状況を意味している．

後者の場合としては，たとえば，台風の接近によって，電車が遅れ，いつも通りには学校や職場に到着できない可能性がある場合などが考えられる．その場合は，いつも通りの電車に乗るのか，それとも，他の路線やバスを使うのかといったことを検討するだろう．このとき行為者は，すくなくとも，「いつも通りの電車に乗って学校へ行く」と「そうしない」という 2 つの選択肢のあいだで，選択を迫られることになるだろう．

したがって，以下では，複数の企図が存在する場合に行為の選択がなされるとし，そのプロセスについての Schutz の議論を見ていくことにする．まず，Schutz は，Husserl の「問題的可能性」という概念を援用しながら，複数の企図に，それぞれ重みづけがなされるとしている[6]（Schutz［1951］1962 = 1983）．ここでいう重みとは，好み（preference）のことである．そして，Schutz は，熟慮を通して，より好ましい企図が選択されるとしている（Schutz［1951］1962 = 1983：149）．

第 2 章　Schutz の行為論とゲーム理論　*55*

　ここで，ある目的を伴った企図に付与される重みは，さらに上位の目的に関連して決定される（Schutz［1951］1962＝1983：168-9）．というのも，ある目的は，さらに上位の目的の手段になっているからである[7]．ある場所へ向かうために，「料金は高いが乗り換えのないルートで到着」と「料金は安いが乗り換えのあるルートで到着」の2つが企図されているとしよう．そのとき，安く済ませたいのであれば，後者がより好まれるであろうし，車内でゆっくり本を読みたいのであれば，料金が高くても乗り換えのないルートを選ぶことになるだろう．つまり，その場所へ行きたいという当面の目的を，安く済ませたいや本を読みたいというより上位の目的が評価しているのである．

　以上が，単独行為における選択についての Schutz の議論の概要である．これを，本章冒頭で述べた，「なぜ行為を選択しないのか」，「いつ行為を選択するのか」，「いかにして行為の選択肢は構成されるのか」，そして，「どのように行為を選択するのか」という4つの問いと関連付けながら整理すると，次のようにいうことができる．まず，行為者は，目的と手段についての利用可能な知識やそのときに自分がおかれている状況に基づいて，行為の企図を行う[8]．これが行為者のなかで，行為の選択肢が構成される過程である．そして，そのとき，企図がただ1つであり，かつ，そこで用いられている知識が疑われていなければ，行為の選択は行われないことになる．しかし，ある目的を達成するための手段が複数考えられる場合，すなわち，複数の企図が成立する場合，それらのあいだで選択が行われることになる．その際，行為者は，熟慮することを通して，より好ましい企図を選び，それを実現するために行為する．また，それぞれの企図に対する評価は，その企図のきっかけとなった目的よりも上位の目的と照らし合わせながらなされるのである．

　では，本書が対象としているような相互行為における行為の選択についてどのように言うことができるだろうか．管見の限り，Schutz は相互行為における行為の選択を積極的に論じていないものの[9]，単独での行為の選択の説明に従えば，以下のように考えることができる．先述したように，単独の行為のメカニズムは図2-1のようにして表すことができ，相互行為の場合は次の図2-2のように表すことができるのであった．2つの図を比べてみると，**図2-2**では，視界の相互性の一般定立と動機の相互性の理念化が要請され，必要とされ

る知識が目的・手段連関の知識から動機連関の知識へと変わっている[10]．ここで，図2-2に含まれる，2つの理念化はSchutzの理論においては，相互行為が成立するための前提であるから，行為の選択がなされるか否かには無関係に成立しているとする．

　そして，相互行為においては，動機連関の知識が自明視できない場合，あるいは，企図が複数ある場合に行為の選択が生じると考えることができる．なぜなら，単独での行為については，次の2つの場合，すなわち，目的・手段連関の知識が自明視できない場合，そして，企図が複数存在する場合に行為の企図の選択がなされると考えられていたからである．

　このことから，先に例として挙げた場面では，次のようなときに相互行為に参加する者たちは行為の選択に直面すると考えられる．まず，知識を自明視できない場合を考えてみよう．インクの場所を質問する例では，「私がインクの場所を聞けば相手が答えてくれて私はインクの場所についての適切な情報を得ることになる」という知識が用いられていた．しかし，もし，相手と前日に喧嘩をしていたとしたら，「私の質問に対して相手が答えてくれないかもしれない」と，動機連関の知識が利用可能であることに疑いを抱くことがあるだろう[11]．このようなときには，すくなくとも，相手が質問に応じた状態と，そうでない状態という2つの企図が成立しているといえる．

　したがって，単独の行為のときと同様に，知識の自明性が疑われる場合は，複数の企図を導くことになる．つまり，相互行為においても，行為の選択を考えるときには，ひとまず，複数の企図が存在する場合を取り上げれば十分であるといえる[12]．たとえば，ある行為者が相手にすこし聞きにくいことを質問することを悩んでいる場合を考えてみよう．このとき，それが聞きにくいことであるがゆえに，その行為者は自らの質問が，相手にとって「答える」と「答えない」という2つの行為の理由動機となりうるものであると考えているだろう．また，その質問が聞きにくいことであるから，そもそも質問するか否かで悩んでいるともいえる．つまり，「私は質問をせず，情報を得られない」，「私は質問をし，相手が答えて，情報を得られた」，そして，「私は質問をしたが，相手はそれに答えず，情報を得られない」という3つの企図が成立していることになる．

第 2 章　Schutz の行為論とゲーム理論　57

(2)　どのように行為の選択がなされるのか

　Schutz の議論によるならば，上述したように，相互行為において行為の選択がなされる基準を考えることができる．では，そのときの選択のメカニズムはどのようなものとなるのであろうか．単独の行為でのそれにしたがえば，相互行為においても，複数の企図がそれぞれ，さらに上位の目的によって重みづけられ，最も好ましいものが選択されると考えられる．上述した例でいえば，相手から聞き出したい情報の重要度によって，企図の重みづけが決定されると考えることができるだろう．

　しかし，単独の行為とは異なり，相互行為における企図には相手の行為が含まれていることを思い出す必要がある．このことは，企図の選択の際に，相手のふるまいを考慮にいれなければならないことを意味している．そして，それには，2 通りのしかたがあると考えられる．まず，自らの企図を評価するにあたって，相手のふるまいを考慮にいれる必要がある．たとえば，ある行為者は，聞きにくいことを質問するため，仮に情報を聞き出せたとしても，相手と気まずい雰囲気になってしまうと考えるかもしれない．したがって，相手との良好な関係を続けていきたいという，より上位の目的があるならば，その企図に対する重みは小さくなると考えられる．

　また，相手が行う企図に対する評価を考慮にいれる必要がある．先の例において，上述したような 3 つの企図が成立しているとき，後の 2 つについては，そのどちらが起こるかは相手の行為の選択に依存している．したがって，自らの行為の選択も相手の選択に依存して行われると考えられる．たとえば，悩んだ末に，「質問をしても相手は答えてくれないだろうからやめておこう」という結論に至る事態は，そのことを示している．

　では，そのとき，相手による企図に対する評価をどのようにして判断しているのだろうか．これは，視界の相互性の一般定立と動機の相互性の理念化を応用することで，説明することができる．前者は，行為者が「私が相手だったらこう考えるから，相手はそう考えている」と自明視している，という仮定だと考えることができる．そして，後者の成立は，その際に，相手の目的動機についても，視野に入れていることを意味している．つまり，行為者は「私が相手だったら○○という目的動機を持つから，相手は○○という目的動機を抱いて

いる」ということを自明視しているのである．また，Schutz の動機の理論においては，目的動機はそれ単独であるのではなく，たとえば，それを手段とするより上位の目的のような，さまざまな目的と関係づけられながら存在しているのであった[13]．

したがって，ある行為者が相手の目的動機を考慮に入れているという状態にあるならば，それと関連する他の目的についても考慮に入れていると考えられる[14]．つまり，行為者は「私が相手だったらこの状態をこう評価するから，相手もそうしている」ことを自明視しているということができる．たとえば，「相手は，そのことを知られないために答えないのであるが，それは，彼／彼女が属する組織を守るためだ」と考えるのである．そして，そのことによって，先に述べたような，「質問をしても相手は答えてくれないだろうからやめておこう」と考えることができるのである[15]．

以上を踏まえると，相互行為において行為の選択が行われるメカニズムは，次のように要約することができる．まず，動機連関についての知識が自明であり，かつ，それによって成立する企図がただ１つである場合，行為の選択はなされることはない．しかし，複数の企図が存在しうる場合には，その企図のあいだで選択が行われることになる．そして，その選択の基準は，それぞれの企図に対して，より上位の目的によって付与された重みである．その際，単独の行為の場合とは異なり，相手の選択を考慮にいれた上で，選択がなされるのである．

3　Schutz からゲーム理論へ
── Esser・Etzrodt モデルの検討を通して ──

(1)　Schutz と期待効用理論── Esser モデルの検討

本節では，ここまで論じてきた Schutz の行為論から何をゲーム理論へ生かすことができるのかを考察していく．議論をはじめるにあたり，前章で紹介した Etzrodt のモデルについて振り返ってみよう (Etzrodt 2004)．Etzrodt のモデルは，「なぜ行為を選択しないのか」，「いつ行為を選択するのか」という２つの問いに対して Schutz に依拠しながらアプローチすることを試みたものであ

るといえる．そのモデルにおいては，相互行為者間で成立する間主観的な動機の連関（「私のある行為が，相手がある行為をする理由動機になり，ある目的動機によって相手が実行したその行為が，今度は私がある行為をする理由動機になり…」という間主観的な動機の連関，すなわち，「あなたは○○のために△△をし，私は△△をされたから◇◇を行い，あなたは◇◇をされたから…」）が，唯一の，そして，もっともらしいものである時には行為の選択は行われないが，そうでない場合には，動機連関のもっともらしさ，つまり，行為経路の成立可能性への主観的な評価となる確率と生じる結果への評価である利得を掛け合わせた期待値を計算し，それが最も高くなるような行為が選択されるのである．

　そこでは，少なくとも，行為を選択する場合に，「どのように行為を選択するのか」という問題については，前提となって議論が進められている．Schutz からゲーム理論へという本節での関心に従うならば，その点についても考察する必要があるだろう．すなわち，Schutz の議論に依拠する際に，相互行為参加者たちはゲーム理論が想定するような仕方で合理的な意思決定を行っているのかについて改めて考えていかなければならない．

　この点を議論するために，Esser による，Schutz に依拠した単独での意思決定モデルを参照していく（Esser 1993）．というのも，Etzrodt のモデルの背景には，Esser のモデルを相互行為に展開するというアイデアがあるからである（Etzrodt 2000）．Esser は，Schutz の単独での行為の理論を期待効用理論を用いてモデル化することを試みている．

　期待効用理論とは，確率的な不確実性を伴う場面で，行為者が合理的に，つまり，最適な結果を求めて意思決定を行う様子を表現するためのモデルである．これに基づけば，たとえば，くじを引くか否かを選択する様子は次のように考えることができる．まず，40％の確率で10000円が当たる，3000円のくじがあるとする．このようなくじを前にして，得られる金額は，「くじを買わない」場合は，０円であるが，「くじを買う」場合には，そのくじが当たりであるかどうかに依存している．当たりくじであれば，$10000-3000=7000$円の儲けとなるが，はずれくじの場合は，3000円の損失となる．そして，当たりくじである確率は40％であったから，「くじを買う」ときの損益の期待値は，$0.4×7000+0.6×(-3000)=1000$円の得ということになる．

期待効用理論の要点は，この期待値を行為者がどう評価するか，ということを視野に入れていることにある．すなわち，単純な損益ではなく，それを効用関数によって評価することで得られる「期待効用」を最大化するというしかたで，合理的に行為が選択されるとしているのである．また，期待効用を導く効用関数は行為者によって異なりうるとされていることも重要である．上のようなくじを前にしたとき，ギャンブルが好きな人であれば，「くじを買う」場合に得られる効用はより大きくなるであろうし（5000円もらうよりもこのくじを引いた方がよい），逆に慎重な人であれば，効用は下がり，期待値的には得をするにもかかわらず，くじを買うことを差し控えるであろう（期待値が5000円ならくじを買ってもよい）．

以上が期待効用理論の概要であるが，Esser において，この理論と Schutz 理論はどのようにむすびついているのだろうか．その接点となるのは，Schutz が Husserl から引き継いで用いている「問題的可能性」という概念である（Esser 1993：12-5）．問題的可能性とは，端的にいえば，複数の可能性それぞれに対して，もっともらしさが重みづけられている状態のことである．

Schutz によれば，Husserl はそれを状況の定義についての信念（「○○は△△である」）のレベルで用いており，Schutz 自身もそのレベルで議論を展開している（Schutz［1951］1962＝1983, 1970＝1996）．たとえば，部屋のなかに，細長いものがある場合に，それがヘビであるのか，それとも，ひもであるかを考えるような場合を考えてみよう（e. g. Schutz 1970＝1996）．そのような問題に直面した人は，なんらかの手がかりをもとに，「それはヘビである」と「それはひもである」という2つの可能性に対して，もっともらしさの重みづけをすることになる．

それに加えて，Schutz 行為論においては，その概念は企図の水準においても用いられている（Schutz［1951］1962＝1983）．本章1節でみたように，行為者のなかで複数の企図が成立しているとき，それは，それぞれが可能な将来の状態として問題化され，重みづけがなされる．すなわち，生じうる未来の事態が複数存在し，それらを評価している状況を表しているのである．

このような2つの問題的可能性に着目することで，Schutz の議論は期待効用理論として表現することができるようになる．まず，Esser は，Schutz が

論じている行為の選択は，効用関数による結果の評価に基づく，合理的なものであるとしている（Esser 1993：22）．Schutz は，ある目的が達成されている状態を思い描いている複数の企図のあいだでの選択は，それぞれにおかれた重みによって，そのなかで最も好ましいものが選ばれるとしていた．また，その重みは，より上位の目的によって規定されるものであった．

　ここで，行為が完遂した状態である企図を結果，上位の目的によるそれらへの評価のプロセスを効用関数，そして，各企図に付与された重みを効用とみなせば，Schutz の理論は期待効用理論として表現できるのである[16]．先の例であれば，ギャンブルをしたいという上位の目的が，くじを買った状態や買わなかった状態を評価し，それに基づき，そして，最適な結果を得られるように，買うか否かを選択するのである．

　また，Esser は，Schutz が信念の水準での不確実性を論じていることを受けて，その行為の選択についての理論は，期待効用理論を用いて表現しうるような，不確実性下での意思決定を論じているとしている（Esser 1993：15）．つまり，ヘビである場合とひもである場合のそれぞれに確率を割り当て，それに基づいて，結果を期待値的に評価する，ということである[17]．

　以上のように，Etzrodt モデルにおいては前提とされていた，「どのように行為を選択するのか」という点については，期待効用理論というしかたで数理的に表現できる可能性が示された．期待効用理論はゲーム理論における推論の基礎となっているものであるため，この枠組みは相互行為における選択場面にも援用できると考えられる．

　次に，Etzrodt モデルを再検討しながら，Schutz から導かれる相互行為における選択の様子がゲーム理論的に表現できることを確認していく．

(2)　意味世界のゲーム理論的記述── Etzrodt モデルの再検討

　Etzrodt のモデルは，「なぜ行為を選択しないのか」，あるいは，「いつ行為を選択するのか」といった問いに答える際には難点を抱えている．前節で見たとおり，Schutz によれば，動機連関の理念化がなされているとき，つまり，ある行為者が「『私が○○をすることによって相手は△△をして…××という状態へ至る』という知識が相手とのあいだで共有されている」と仮定している

場合に実現可能だとみなされる企図が成立するのであった．そして，その企図が複数ある場合に，それぞれに対して重みづけがなされ，選択が行われるのである．

他方，Etzrodt は，Schutz が企図とみなしていない場合，すなわち，行為経路の成立可能性 $t=0$ の場合も，その結果に対して効用を割り当てている．つまり，Schutz 理論と照らし合わせたときに，そもそも企図として成立していない状態を重みづけるという矛盾が生じているのである．

このことは，Etzrodt のモデルが，企図の成立とそれに対する評価を同時になされるものであると考えているために，それらを区別している Schutz の理論との整合性が損なわれてしまったことを意味している．

しかし，動機連関の知識を，想定される行為の経路とみなし，展開形ゲームと同様のしかたで記述することができるという指摘は有用なものである．Etzrodt のモデルはゲーム理論をもとにした独特なものであるが，そのアイデアを抽出すれば展開形のゲームとしてより一般的に記述することができるだろう．

以下では，相互行為における選択場面について，考察を進めていく．ただし，その際に2つの限定をおくこととする．第1に，行為が選択されることなく実行される場合は扱わないこととする．なぜなら，Schutz によれば，ただ1つの企図が選定されることは，複数の企図のあいだで選択を行うこととは質的に異なったものだからである（Schutz［1943］1976＝1991：115-6）．そして，第2に，Esser や Etzrodt が焦点を当てた，行為経路の成立可能性については，議論の骨格を明瞭にするため，不確実性については深く論及しないこととする．[18]

まず，単独の行為を実行しようとしている行為者の意味世界は，論理的には次の4通りのしかたで構成されている．まず，習慣のように，ただ1つの行為と，それによって生じるであろう結果を自明視している場合，次に，生じるであろう結果が複数ある場合という2つのケースが考えられる．そして，後者はさらに，現在の状況の認識についての不確実性の有無によって3通りに分けることができるだろう．すなわち，不確実性がなく，行為の選択肢が複数ある場合（部屋に入るか否かで悩んでいる），不確実性があるゆえに，結果が複数存在する場合（細長いものがへびかロープかによって，部屋に入ったときに生じる事態が違うと考えている），そして，不確実性下で部屋に入るか否かを悩む場合（へびかロープ

か分からない状態で，部屋に入るか否かで悩んでいる）である．

　次に，相互行為の場合には，自分がおかれているケースの他に，相手がどのケースにいるのかについても考慮する必要がある．つまり，「私が相手の立場ならどう考えているか」ということを考えるのである．したがって，相互行為に参加する行為者の意味世界のあり方は，4通り×4通り＝16通りあると考えられる．

　そして，そのなかで，相手の選択を考慮に入れた行為の選択が行われるものは，その行為者と相手がともに複数の行為の選択肢を持っていると想定されている場合である．それは，さらに，不確実性の有無によって，4通りに分けることができるだろう．すなわち，お互いに不確実性を抱いていない場合，自分だけが不確実性を抱いている場合，相手だけが不確実性を抱いている場合，そして，お互いに不確実性を抱いている場合の4通りである．

　以下では，この中から，お互いに不確実性を抱いていない場合における，ある行為者の意味世界をゲーム理論的に記述できることを示す．この場合，複数の企図が存在するのは，その状況において，とりうる行為の選択肢が複数あるからである．たとえば，聞きにくい，つまり，相手が答えることによって不利益を被るであろう質問をするかどうかで悩んでいる場合を考えてみよう．このとき，行為者の中では，それが聞きにくいことであるから，質問をせずにそのままの状態でいることも企図として成立するだろう．また，質問をした場合にも，相手が答えているか否かによって，異なる結果が生じることになると考えるだろう．

　では，Etzrodt にならって，行為の経路という観点から，そのような状況を見ていこう．まず，自分と相手の行為の選択肢は，それぞれ，「質問する」と「質問しない」，そして，「答える」と「答えない」である．また，企図としては，相手に教えてもらって情報を得られる状態，相手に教えてもらえなかった状態，そして，質問しないことによる現状維持の3つがあると考えられる．よって，「質問する―答える―情報を入手」，「質問する―答えない―情報を入手できず」，そして，「質問しない―現状維持」という3つの行為の経路が存在する．

　ここで重要なことは，行為者が，それぞれの経路が成立することについて自

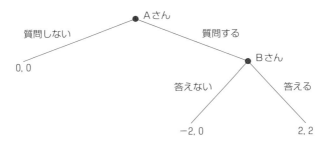

図2-3　質問のゲームツリーによる記述（数値は例）

明視していることである．というのも，先に述べたように，問題的可能性が生じている状態においても，動機連関の知識が疑われることがないからである．このことは，Etzrodtのモデルで問題となっていた経路の成立可能性についての変数を扱う必要がないことを意味している．

　したがって，3つの経路を持つ上述したような状況は，展開形ゲームとして，図2-3のように表すことができるといえる．ここで，各結果についての評価は，行為者によって行われるものであり，左が行為者，右がその相手の利得を表している．また，Aが今，注目している行為者であり，Bはその相手を意味している．

　そして，行為者は，このように現実を認識した上で，質問をするかしないかという行為の選択を行う．展開形ゲームにおいて，一般的に用いられる推論の方法は，後ろ向き帰納法と呼ばれるものである．それは，端的にいえば，先手は，後手がどの選択肢を選ぶかを考慮に入れた上で，より好ましい自らの選択肢を選ぶというものである．図2-3でいえば，行為者は，まず，自分が質問をした場合に，相手が，「答える」を選ぶことを確認する．その上で，質問をするか否かを選択するのであるが，ここでは，現状維持の際に得られる効用よりも，情報を得ることができたときの効用の方が大きいため，行為者は「質問をする」を選択することになると考えられる．

　このような推論は，先に述べた，Schutzの理論から導出された相互行為における行為の選択のしかたと論理的に同じものといえる．したがって，図2-3のように行為者の意味世界をフォーマライズしたゲームツリーにおいても，Schutzの理論と整合的なしかたで，合理的な選択すると考えられる．

4　ま　と　め

　本章では，Schutz の行為論を概観し，ゲーム理論との関係について考察してきた．そして，本書全体の枠組みである，ゲーム理論的な意味構成の第 1 水準に関して，彼の理論とゲーム理論を接続できることを示した．すなわち，行為者が行為の選択を行う場合には，Schutz が描くように構成された行為者の意味世界を，ゲーム構造とみなせることが示された．

　そのような議論を進める中で，行為の選択をするか否かの分水嶺を明確にできた．そこでは，行為の選択がなされない場合には，合理的な選択が介在する余地がないとされていた．したがって，今後議論を進める上では，Etzrodt や Esser とは異なり，行為を選択する場合にのみ対象を絞ることが妥当であろう．

　また，本書の枠組みである意味構成の 3 水準，すなわち，ゲーム構造の形成，間主観性の成立，結果についての予想の充足・違背という 3 点において，前者 2 つについての知見が得られた．まず，ゲーム構造の形成については，ゲーム理論的な選択メカニズムが作動する前提となっており，それ自体を合理的な選択の結果として考えることはさしあたり困難であるということが言えるだろう．ついで，間主観性について，Schutz は視界の相互性の一般定立というしかたで論じていた．それは，ゲーム構造の形成に関する議論同様，目的合理的な選択の結果としてではなく，その前提となるものであった．

　とはいえ，Schutz の議論を援用するだけでは，次の 2 つの理由ゆえに，本書の課題を十分に解決することはできない．まず，Schutz とゲーム理論とのあいだに存在する，相互行為を論じる際の立場の違いが問題となる．Schutz は，ある行為者に着目し，「私」の視点を徹底することで，相互行為における彼／彼女の意味世界を描こうとしている．他方で，ゲーム理論は観察者の視点から，相互行為の参加者たち全員の意味世界を記述の対象としているのである．したがって，図 2-3 は，あくまで A による現実認識であって，ゲーム理論が捉えようとしている A と B という二人の意味世界をあらわしたものとはみなしえないのである．

　また，行為選択肢集合の間主観的同一性の成立についても，図 2-3 では十

分に表現できているとはいいがたい．というのも，図2-3では，視界の相互性の一般定立における，「あなたも私と同様の理念化を行っている」という側面が看過されてしまっているからである．つまり，Aは，相手の行為選択肢や結果への評価を推測し，図2-3のように現実を認識しているが，その通りにBが世界を意味付けている確信を得られているか否かは表現できないのである．

　このことは，本書の課題を達成するためには，双方が各々の知識を用いて図2-3のように世界を意味付け，それを間主観的に同一なものとみなしあっている様子を表現できる，社会学理論的な，そして，ゲーム理論的な枠組みが求められることを意味している．

　そこで注目するのが，Garfinkelの信頼論とハイパーゲームである．というのも，次章で論じるように，GarfinkelはSchutzの議論と連続性を保ちながら間主観性の問題に観察者としての視点から論じており，また，ハイパーゲームは行為者たちによる認識の非対称性を表現するモデルだからである．そして，ハイパーゲームにおいて，共有知識の代わりに，ゲームの成立条件としておかれる仮定が，視界の相互性の一般定立や信頼と重なり合うしかたで，行為者たちが自らの認識を他者と共通に知られているものとみなしていることを表現するものだからである．

注
1）　図2-1と図2-2（後述）は，Schutzによる行為者の行為の説明の図式化であり，実際の行為者がこのプロセスをすべて意識しているわけではない．たとえば，後で述べるように（本章注3），理由動機は行為の最中には意識されず，観察者や行為者自身の反省によってはじめて意識のなかに現れる．
2）　Schutzは，行為を論じるにあたって，actionとactを異なる概念として用いている．前者は，今まさに行われようとしている，あるいは，実行の最中である行為を表し，後者は，未来において完遂されたその行為を意味している（Schutz［1951］1962＝1983，［1953］1962＝1983）．
3）　目的動機と理由動機のあいだには，その働きとは別に，大きな違いがある．前者は，行為者が自覚的に抱くものであるのに対し，後者は，ある行為を企図するに際して自覚されることはなく，人に行為の理由を尋ねられたときや，自らの行為を反省するときにはじめて自覚されるものである（Schutz［1951］1962＝1983：140-1）．

第 2 章　Schutz の行為論とゲーム理論　　67

4）　ただし，企図が成立するのは，過去の経験によって得られたそのような知識が今回も
　　通用することが自明視されており，それによって示された手段や，理由動機によって導
　　かれた目的とする状態が現在の自分にとって実行可能なものである場合に限られる
　　（Schutz［1951］1962＝1983：147，［1953］1962＝1983：68）．これらの条件が満たされ
　　たときに，将来生じるであろう事態の 1 つとしての企図が成立し，行為を実行すること
　　ができるのである．

5）　Schutz は，対面した状態でなされる相互行為においては，行為者たちは「純粋なわ
　　れわれ関係」という関係になるとしている（Schutz［1953］1962＝1983：68）．そのよ
　　うな場面は，前章でも取り上げた都築による言及があるが，ここでは立ち入らない（都
　　築 2005）．

6）　問題的可能性については，本章 3 節でより詳しく取り上げる．

7）　Schutz は，そのような動機の体系を「プラン」と呼んでいる（e. g. Schutz［1951］
　　1962＝1983：169）．

8）　ただし，事態はそう単純ではない．というのも，企図が成立した時点でその行為者の
　　生活史的状況が変化し，それによって，世界への意味付けも変化することが考えられる
　　からである．Schutz は，そのような循環を伴う複雑な状況を，レリヴァンスという用
　　語を用いながら周到に論じているが，ここでは立ち入らない（Schutz 1970＝1996）．
　　Schutz のレリヴァンス論については，那須壽が詳しく論じている（那須 1999）．

9）　Schutz は，A. Gurwetsch との書簡において，ゲーム理論に言及している（Grathoff
　　ed. 1985＝1996：302）．そこでは，経済学の方法としてゲーム理論を評価している．

10）　このことは，Schutz の理論においては，相互行為を企図する際の相手の行為が，目
　　的達成のための手段として位置付けられていることを意味している．つまり，単独での
　　行為では，学校へ行くための手段が電車に乗ることであったのと同じように，インクの
　　場所を知るための手段が相手に教えてもらうことなのである．

11）　「私が質問をしても昨日喧嘩をした相手はそれに応じてくれない」という知識が自明
　　視されていれば，選択に付されることなく，「質問しない」という行為が実行されるだ
　　ろう．

12）　単独の行為の場合と同様に，両者の区別は本章 3 節で問題となる．

13）　Schutz は，そのような動機の体系を「プラン」と呼んでいる（e. g. Schutz［1951］
　　1962＝1983：169）．

14）　Schutz は，相手のプランをそのとおりに把握することは不可能であるとしている．
　　しかし，行為者が相手のプランの一部に関心を寄せ，それについての考えを自明視する，
　　というここでの仮定は，Schutz 理論との整合性を損なうものではない．というのも，
　　そこでは，相手のプランについての推察が実際のそれと一致することは仮定していない
　　からである（Schutz［1953］1962＝1983：81-4）．

15）　このような推論は，後で述べる（ 3 節）後ろ向き帰納法という展開ゲームにおいて想
　　定される推論のしかたと同様のものである．

16）　Schutz は，日常生活における行為は合理的なものではないとしている（e. g. Schutz

[1951] 1962 = 1983：169）．Schutz がそのようにいうとき，合理性を非常に強く定義している．すなわち，合理的であるためには，行為者は目的を達成するために存在しうるすべての手段を知っており，かつ，それによって生じるであろう結果を正確に予測し，評価することができなくてはならない，としているのである．それに対し，Esser は「限定合理性」を認める立場をとる（Esser 1993：22）．それは，行為者自身が知りうる範囲で最適化を図ることも合理的であるとみなす立場である．そして，このような立場をとれば，Schutz の理論における行為者も合理的であるといえるとしている．

17）　以上の考察から，Esser は，Schutz も論じている，習慣などのように，行為者が行為を選択しないメカニズムを説明することを試みている（Esser 1993：23-7）．Esser は，行為者が2段階の合理的な選択を行うというモデル，すなわち，まず，習慣を維持するか，新しい行為を視野に入れて行為の選択を行うかが選択され，そこで，前者が選択されれば習慣は維持され，後者が選択されれば新たな行為も含めた行為選択肢集合の中から最適なものを改めて選択するというモデルを構築している（Esser 1993：23-7）．しかし，そのようなプロセスを想定して習慣の維持を説明することは，Schutz による説明とは食い違うものとなっている．というのも，先に見たように，Schutz は，行為が選択されないのは，それがただ1つの手段として自明視されているからだと論じているからである（Schutz［1943］1976 = 1991）．そのような問題はあるものの，Esser の試みは数理的な意思決定理論と Schutz を関連づけるという意欲的な試みとして評価すべきであるし，また，確率的な不確実性を伴うような場面に限定していえば，2段階の選択がなされるというモデルも妥当するように思える．

18）　確率的に成立可能性を考える点も重要である．Etzrodt のモデルはユニークなものだが，同様のことをベイジアンゲームとして表すこともできそうである．この点については，別の箇所で論じている（小田中 2016）．

第3章
Garfinkel の違背実験とゲーム理論
——間主観性の成立——

は じ め に

　前章では，Schutz の議論が，行為の選択がなされる場合に意味構成の第1
水準であるゲーム構造の形成を論じた，ゲーム理論的な分析を補完するもので
あることを示した．しかし，Schutz の議論に依拠することの限界もまた，前
章で提示された．彼の議論に依拠する限りでは，ある行為者の視点から議論を
進めており，行為者の意味世界はある一人の行為者にしか焦点が当てられてい
ないがゆえに，ゲーム理論のように相互行為の参加者たち全員について把握す
ることができない．そのため，視界の相互性の一般定立といったしかたで提案
された間主観的同一性の成立メカニズムについても，相互行為の参加者双方の
あいだでそれが成立している様子を捉えることができない．つまり，本書が提
示する意味構成の第2水準へはリーチできないのである．

　そこで注目したのが，Garfinkel の議論である（Garfinkel 1963）．Garfinkel は
エスノメソドロジーの創始者として知られているが，『エスノメソドロジー研
究』を刊行する1967年以前の研究は，エスノメソドロジーとは区別されるもの
だとされている．浜日出夫によれば，Garfinkel は，Parsons の指導の下，
Schutz の影響を受けながら執筆された博士論文や，その後の研究である「信
頼」論文（1963年）において，相互行為を営む人々の意味世界を科学者として
の視点から分析の対象とし，間主観的同一性の成立を論じている（浜 1996a）．
また，後に改めてみるように，「信頼」論文では，von Neumann や Morgen-
stern への参照が見られるなど，本書の視角との関連も見ることができる．

　そこで，本章では，Garfinkel が初期の研究で取り組んだ問題を取り上げ，
そのフォーマライゼーションを試みる．以下では，まず，「信頼」論文と呼ば

れる，Garfinkel の議論を紹介する．そこでは，Schutz の視界の相互性の一般
定立と連続性をもったしかたで間主観的同一性の成立を支えるものとして，信
頼という概念が提示されていることが示される（1節）．ついで，Garfinkel の
議論とゲーム理論を接続するためにハイパーゲームという枠組みを紹介する
（2節）．ハイパーゲームは不完備情報ゲーム（1章1節参照）の一種であり，相
互行為の参加者双方が異なる現実認識を行っている場面を扱うものである．こ
れは Schutz や Garfinkel の議論の前提と一致している．そして，ハイパー
ゲームにおいてゲームを支える仕組みとして提案されている主観的共有知識
(inside common knowledge)[1] と Garfinkel の信頼が論理的に同型であることが示
される（3節）．

1　違背実験とゲーム理論

(1)　違背実験と信頼による間主観性の成立

　ここでは，Garfinkel が初期の研究で抱えていた問題意識と，その解答を概
観していく．まず，浜に依りながら，Garfinkel が導いた問題とその背景を見
ていこう．Garfinkel は初期の研究において，同一説と呼ばれる認識論上の立
場をとっている（浜 2006：274）．Schutz の現象学的社会学に由来するこの立場
は，知覚と独立に現実の対象が存在すると仮定し，知覚と対象の近似関係を考
えるのではなく（対応説），「知覚された対象が現実の対象であり，知覚と独立
に現実の対象が存在するわけではない」と考える（浜 2006：274）．すなわち，
行為者が知覚したものが実際には何であるかを問うことをしない立場である．

　このような立場に立つと，人々はそれぞれの仕方で認識した世界を生きてい
るといえる．というのも，人々のあいだで共有されるべき，正しい認識という
ものが存在しないからである．では，人々はそのような状態の中で，いかにし
て日々の生活を営んでいるのか．すなわち，異なる世界を生きる人々のあいだ
で，対象についての間主観的な同一性が成立しているのはいかにしてか．これ
が Garfinkel の取り組んだ問いである[2]．

　そして，Garfinkel は，三目並べを用いた違背実験を通してこの問いに答え
ようとする（Garfinkel 1963）．三目並べとは，2人のプレイヤーが交互に，3×

第3章 Garfinkelの違背実験とゲーム理論　71

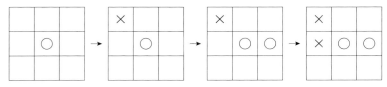

図3-1　三目並べのイメージ

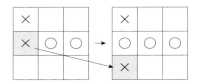

図3-2　三目並べにおける違背のイメージ
（中段左の「×」を左下に動かし「○」を置く）

3のマス目上の空いているところに自分のマークを置いていき，先に自分のマークを3つ並べた方が勝ち，というゲームである（図3-1）．しかし，この実験では，実験者が，相手のマーク×を動かし，自分のマーク○をおくという，ルールの違背を犯すことになる（図3-2）．このとき，被験者が抱く，三目並べについての間主観的な同一性が破れ，彼／彼女にとって，自分が見ている世界と相手が見ている世界が異なるものであることが明らかになるのである．その際の，被験者のふるまいを観察することを通して，人々にとってあるゲームが秩序あるものとして成り立っている条件を問うことがこの実験の目的であったといえる．

　この実験の結果は，三目並べというゲームのルールを守ることだけがプレイヤー間の秩序の成立に関わっているのではないことを示していた．つまり，ゲームのルールではなく，その間主観的な同一性を支えるより根源的な何かが2人のゲームを支えていることが示唆されているのだ．というのも，少なくない被験者たちが，実験者のふるまいをきっかけに，通常の三目並べではない，別のゲームが行われているとみなし，大きな混乱を示すことなく，ゲームを続けていたからである（Garfinkel 1963：204）．

　そのような結果について，Garfinkelは，構成的期待と信頼という概念を用

いた理論モデルによる説明を試みている．構成的期待とは，自分が認識しているルールが間主観的に同一のものであるという期待である．それは，① プレイヤーは，自身の都合に関係なく，そのなかで行為を選択することになるゲームのルールが形成され，自身に適用されていることを期待し，② それと同じルールが他のプレイヤーにも適用されていると期待しており，③ 他のプレイヤーもまた，自らと同様の期待を抱いていると期待している，という 3 つの期待の組である（Garfinkel 1963：190）．

　ゲームの秩序が維持されているのは，プレイヤーたちが共通のルールに従っているからではなく，あるルールに対して，この構成的期待を抱きあっているからだ．そして，それがゲームであろうとなかろうと，そのように「対人環境への態度が構成的期待によって支配されている場合，人々は互いを『信頼』している」というのである（Garfinkel 1963：193）．つまり，Garfinkel は，相互行為に参加する各人が構成的期待を抱いている状態を信頼と呼び，その成立を相互行為の成立条件としていると考えられる[3]．

　また，Garfinkel は，構成的期待と信頼によって秩序が支えられているというモデルが，ゲームのような状況だけではなく，日常生活のなかでの会話のような「真剣な」ふるまいも説明することができるか，という問いを立てている（Garfinkel 1963：209）．そして，理論面で Schutz を参照しながら，日常的な会話において違背実験を行い，日常生活においても人々の生活が信頼によって支えていることを示した．すなわち，会話においては，語彙や文法の共有がゲームにおけるルールと対応しており，互いに信頼しあい，それが共有されていると暗黙裡に仮定していることによって，会話が成立していると結論づけるのである．

　この研究は次のように要約することができる．まず，Garfinkel は，同一説という立場をとることで，異なる仕方で世界を認識しているはずの人々のあいだで，なぜ，対象や状況についての間主観的な同一性が維持され，日常生活が秩序あるものとして成立しているのか，という問いを導き出した．そして，その問いに対して，人々が，「自分が適用されていると考えられるルールが相手にも適用されており，また，相手も自分と同様に考えている」という期待を抱きあう，すなわち，信頼しあうことによって，秩序が成り立っている，という

解答を与えたのである.

(2)　違背実験からゲーム理論へ

　では，そのような Garfinkel の理論とゲーム理論の関係を考える上で，何が論点となるのであろうか．さしあたり，Garfinkel の議論におけるゲームは，ゲーム理論におけるゲームと対応しているといえる．というのも，Garfinkel は，ゲームのルールを論じている箇所で，ゲーム理論の創始者である von Neumann と Morgenstern の著作に言及しながら，ゲームの構成要素について，ゲーム理論におけるそれと同様の定義，すなわち，プレイヤーの数，手番，そして，可能な選択肢という3点から成る基礎的ルールと，選好のルールという2つのルールを挙げているからである（Garfinkel 1963：191-3）.

　しかし，Garfinkel が指摘しているように，日常生活における相互行為には，三目並べやチェスといったゲームのように明確なルールは存在していない．また，すべての行為が目的合理的な熟慮の末になされているとは考えられない（Garfinkel 1963：209）.

　よって，第1の論点は，日常生活における相互行為をゲーム理論的に記述しうるのか否かという点である．そして，この点については，前章の議論によってすでに解決されていると考えられる．というのも，Garfinkel の議論と連続性を有する Schutz の理論に依拠することによって，日常的な相互行為において行為の選択に直面する行為者の意味世界はゲーム理論的にモデル化することができるということが示されたからである.

　第2の論点は，Garfinkel が人々による現実認識を各人によって異なるものとしているところにある．これをゲーム理論の言葉で言い直すならば，行為者が自らのおかれている状況を意味付け，それぞれのしかたで利得表を形成し，ゲームをプレイしていることを表している．しかし，よく知られたゲーム理論の枠組みにおいては，そのような理論構成とは異なり，人々のあいだで共有知識が成立していることを仮定して議論を進めている.

　以下では，第2の論点に挑むためにハイパーゲームと呼ばれる枠組みを導入する．ハイパーゲームは，行為者たちが異なる現実認識を行っているという前提から出発するゲーム理論的枠組みである.

2 ハイパーゲームの基本的なアイデア

ハイパーゲームは，プレイヤーが異なる仕方で状況を定義している状態を分析するための道具である．P. G. Benett と M. R. Danto が奇襲作戦を分析するために考案したものである（Benett & Danto 1979）．以下では，一般的なゲーム理論の枠組みと対比させながら，具体例とともにその基本的なアイデアを紹介していく[4]．

まず，一般的なゲーム理論を用いて，図3-3のような囚人のジレンマ状況を考えてみよう．このゲームは，教師から放課後の教室掃除を言いつけられた，AさんとBさんという2人の生徒によってなされるものである．そして，利得表は，2人とも「相手が掃除をせずに帰ってしまった場合，自分だけで掃除をすることになる」と考え，2人とも掃除をサボろうとしている状態を表している．

ここで重要なことは，このようなゲームにおいて，ナッシュ均衡を用いて生じるであろう結果（ここでは「2人ともサボる」）を予測するために，共有知識の成立を仮定していることである．すなわち，「すべての行為者がこの利得表を知っている，ということをすべてのプレイヤーが知っている，ということをすべての行為者が…」という状態の成立を仮定しているのである．

このように，よく知られたモデルにおいては，両者が同一のルールを共有していることが保証されてはじめて，相手の選択を考慮にいれた行為の選択が可能となり，ゲームが開始されると考えられている．上の例でいえば，Aさんと Bさんのあいだで，お互いが図3-3のように状況を認識していることが共有知識となっているからこそ，それぞれが相手の出方を予測し，それに対して最適な反応となる行為，すなわち，「サボる」を選択することが可能となるの

		B	
		掃除する	サボる
A	掃除する	4, 4	0, 5
	サボる	5, 0	2, 2

図3-3　囚人のジレンマゲーム（網掛けがナッシュ均衡）

	B	
	掃除する	サボる
A　掃除する	4, 4	0, 5
A　サボる	5, 0	2, 2

Aさんが認識している利得表

	B	
	掃除する	サボる
A　掃除する	4, 4	0, 0
A　サボる	0, 0	−3, −3

Bさんが認識している利得表

図3-4　ハイパーゲーム（網掛けは各利得表における生じうる結果）

注）厳密にいえば，以下で紹介するような条件を導入することなしに，各利得表において予測される結果を求めることはできない．しかし，ここでは便宜的に，起こるであろう結果として利得表に網掛けをしておく．

である．

　それに対して，ハイパーゲームは，各プレイヤーが異なるしかたで状況を認識している状態を表すモデルである．たとえば，ハイパーゲームを用いれば，Aさんは図3-3と同様に状況を意味付けているが，Bさんは掃除をせずに帰った場合に教師から怒られると考えているような場面を，図3-4のように表すことができる．

　図3-4において，左の利得表は，Aさんが認識しているものであり，それは図3-3と同様のものである．他方で，Bさんが認識している利得表では，掃除をサボった場合に得られる利得が左の利得表と比べて5だけ小さなものとなっている．これは掃除をしなかった場合，教師から怒られることになるため，得られる結果が低く見積もられていることを表している．

　では，このような場合，行為者たちはどのように行為を選択するのであろうか．図3-4の各利得表では，素朴に考えれば，網かけがされている結果がそれぞれ均衡になっていると見ることができる．したがって，Aさんは「サボる」，Bさんは「掃除する」をそれぞれ選択すると考えられる．

　しかし，ハイパーゲームでは共有知識の成立が仮定されていないため，そのように考えることはできない．なぜなら，各行為者は，相手がどのように状況を把握しており，どの行為を選択するのか，ということを考えることができない，つまり，相手の選択を考慮に入れた最適な選択を行うことができないからである．

　このことは，ハイパーゲームでは，何かしらの理論的な工夫をしなければ，ゲームが成立しないことを意味している．以下では，Sasakiが提案した，共

有知識の成立なしに，ゲームが成立するための2つの条件を紹介する（Sasaki 2014）[5]．第1の条件は，行為者がある利得表に対して「主観的共有知識」を与えるという仮定である[6]．一般的なゲーム理論において，共有知識が成立しているという仮定は，行為者のあいだで，同一の利得表が共有されていることを保証するためのものであった．それに対し，主観的共有知識が成立しているとは，行為者によって，ある利得表について共有知識が成立していると主観的にみなされていることである（Sasaki 2014：4）．つまり，各行為者が，各々が認識している利得表について，「『すべての人がこの利得表を知っている，ということをすべての人が知っている，ということをすべての人が…』と仮定している」と考えるのである．

　2つ目の条件が，「主観的合理化可能性」という基準で，生じるであろう結果を予測するというものである．本書1章1節で見たように，合理化可能性という解は相手の行為の予測ではなく，逐次消去という方法を用いるものであった．しかし，ハイパーゲームでは，合理化可能性が必要とする仮定の1つである，利得表についての共有知識の成立が排除されていた．Sasaki は，それを補うものとして，各行為者が主観的共有知識を利得表に付与するとしている．これは，各行為者が自らの認識している利得表について共有知識が成立しているとみなしていることを意味していた．

　主観的合理化可能性という推論のしかたは，行為者が独自に，共有知識が成立しているとみなしている利得表に基づいて合理化可能な選択肢を選び，その組み合わせが客観的な結果として生じると予想するものである．つまり，各行為者が，それぞれが認識している利得表において，合理化可能な行為を選択するとし，それらを組み合わせたものが結果として生じると考えるのである．たとえば，図3-4でいえば，A さんが認識している利得表では，両者にとってサボることが主観的合理化可能な結果であり，B さんが認識している利得表では，両者が掃除をすることが主観的合理可能な結果となる．したがって，A さんがサボり，B さんが掃除をするために教室へ一人残るという結果が生じると予測できるのである[7]．

　次節では，このような特徴をもつハイパーゲームによって Garfinkel の理論をフォーマライズできることを示す．また，主観的共有知識というゲームの成

立メカニズムの定式化は Garfinkel の議論を越えて，より複雑な現実認識が生じている場面についても射程に収めていることが示される．

3　間主観性の成立とゲーム理論

⑴　ハイパーゲームによる Garfinkel のフォーマライゼーション

　本節では，Garfinkel の理論を，ハイパーゲームを用いてフォーマライズすることを目指す．そのためには次の 3 点を示す必要があると考えられる．第 1 に，Garfinkel 理論における行為者を Schutz 理論における行為者と置き換え可能であることを示す必要がある．というのも，前章において，行為者の意味世界をゲーム理論的に記述できることは示したが，Garfinkel の理論においても同様のことがいえなくてはならないからである．

　第 2 に，Garfinkel がいう信頼や構成的期待と，ハイパーゲームにおける主観的共有知識が論理的に同様のものであることを示さなければならない．これらの概念は，行為者のあいだの間主観性の成立を支えるものであるが，それらを論理的に同型のものであるとみなしてよいかは検討すべき課題であるように思われる．

　第 3 に，ハイパーゲームにおける主観的合理化可能性が前提とするプレイヤーの合理性についての共有知識の成立が Garfinkel の理論と整合的であることを示す必要がある．Schutz や Garfinkel の理論は，同一説に立った上で構想されたものであるため，たとえそれが合理性についてのみであったとしても，共有知識の成立を仮定すれば矛盾が生じてしまう．

　では，それぞれの課題についてみていくことにしよう．1 つ目の課題は，Garfinkel 理論における行為者と Schutz 理論におけるそれとの関係に目を向けながら，Garfinkel が描き出そうとした状態をハイパーゲームによって数理的に表現できることを示すことであった．そこで，Garfinkel の理論を Schutz との関係に焦点を当てながら振り返ることにしよう．

　Garfinkel は，異なるしかたで世界を意味付けている人々のあいだで意味世界の間主観性が成立し，相互行為が可能となるのはなぜか，という問いから出発する．そして，Garfinkel はその問題に対して次のような回答を示した．つ

まり，行為者がそれぞれに構成的期待を抱きあう状態，すなわち，彼が信頼と呼ぶ状態が成立することによって，彼ら／彼女らが生きる意味世界の間主観的な同一性が成立するとしたのである．

　ここで，構成的期待は，Schutz 理論における，視界の相互性の一般定立と同様の働きをしているといえる．というのも，いずれも同一説に立った上で，行為者が「私とあなたは同じものを見ている．そして，あなたも私と同様に考えている」と仮定していることを表しているからである[8]．他方で，Garfinkel は，Schutz とは異なり，その理論のなかで，日常生活を送る行為者の意味世界について，上述したような構成的期待を抱いているということ以外については，積極的に論じていない．

　よって，Garfinkel の理論における行為者一人ひとりを，Schutz が描いた行為者としても，整合性を損なうことはないと考えられる．このことは，Garfinkel の枠組みにおいて，各行為者が生きる意味世界を，ゲーム理論的に表現することができることを意味している．そして，前節で紹介した通り，ハイパーゲームは，行為者それぞれが異なるしかたで状況を意味付けている状態を表現するものであるため，Garfinkel が捉えようとした，行為者たちが異なるしかたで世界を意味付けている状態は，ハイパーゲームによって表現することができるといえるだろう[9]．

　次に，Garfinkel における構成的期待や信頼とハイパーゲームにおける主観的共有知識の仮定が，相互行為の成立に関して同様の働きをするものであることを示していく．それによって，Garfinkel 理論における相互行為の成立を，ハイパーゲームにおけるゲームの成立として表すことが可能となる．Garfinkel 理論における構成的期待や信頼は，先に述べた通り，行為者が世界を間主観的なものとして意味付けるときの期待や，相互行為に参加している行為者がそのような期待を抱きあっている状態を表すものであった．

　他方，ハイパーゲームにおける主観的共有知識は，ゲーム構造についての共有知識が成立していなくてもゲームの成立を可能にするための理論的な工夫であった．すなわち，行為者がある利得表について「それが相手にも共有されている．そして，相手はそれが私と共有されていると考えている」と仮定していると考えているのである．

第 3 章　Garfinkel の違背実験とゲーム理論　　79

したがって，Garfinkel がいう構成的期待は，ハイパーゲームにおいては，行為者が，自らが認識している状況に対して共有知識の成立を主観的にみなしている，すなわち，主観的共有知識が成立していることとして考えることができる．そして，Garfinkel 理論における信頼は，すべての行為者が，自らの認識する利得表に主観的共有知識を与えている状態として表現しうる．

最後に，ハイパーゲームにおいて結果を予測するために用いられる主観的合理化可能性という行為の選択基準と Schutz や Garfinkel の理論との整合性について検討していきたい．

この基準は，行為者のあいだで各々が合理的に選択することが共有知識となっていることを仮定した上で成り立っていた．つまり，相手も合理的であることを知った上で，相手が取りうる選択肢に対して，最適とならないような自らの選択肢を逐次消去していくのである．

行為者に課されたこのような仮定は，Garfinkel や Schutz の理論と照らし合わせたときに矛盾をきたすものである．というのも，彼らの理論において否定された共有知識が，合理性についてのみであるが，持ち込まれてしまっているからである．

しかし，プレイヤーの合理性について共有知識が成立しているという仮定を，次のように読み替えることで，この問題は解消されると考えられる．つまり，各プレイヤーはお互いが合理的であることを知っているのではなく，お互いを合理的であるとみなしていると考えるのである．このような読み替えは，ゲーム構造についての共有知識の成立の仮定を，主観的共有知識に置き換えたことと同様の工夫であり，ハイパーゲームの成立に差し支えないものであろう．

また，行為者が互いに相手を合理的であるとみなしていると考えることは，Schutz 理論における行為者が自明視している視界の相互性の一般定立，とりわけ，立場の交換可能性によって導くことができる．つまり，合理的な行為者は，自分が相手の立場であれば，合理的にふるまうと考え，そして，相手もそのように考えているということを前提に，行為を選択するのである． [10]

ここまでの議論で，本節の冒頭で掲げた 3 点について示すことができ，Garfinkel の理論はハイパーゲームを用いて表現可能であることが明らかになった．以下では，Garfinkel が説明を試みた三目並べ実験の結果について，ハイパー

ゲームを用いて説明することを試みる．まず，Garfinkel がそうしたように，被験者の意味世界に焦点を合わせよう．彼／彼女が，主観的に共有知識が成立しているとみなしている利得表は上述したような三目並べのルールに基づくものであると考えられる．そして，それに依拠して，実験者がとりうる手を考慮にいれながら，主観的合理化可能な手をプレイするだろう．

　次に，実験者の意味世界について考えていこう．結論を先取りしていえば，Garfinkel の理論や，その数理的な定式化としてのハイパーゲームでは，実験者が構成的期待を抱いている，すなわち，間主観的に同一であるとみなしているルールを描くことができないのである．一見すると，三目並べ実験の実験者は，「相手のマークを動かす」という手も含んだルールに構成的期待や主観的共有知識を抱いているように思われる．

　しかし，そのように考えると次のような矛盾が生じることになる．構成的期待や主観的共有知識は，端的にいえば，「相手は私と同じルールに則っている．そして，相手もそのように考えている」という期待のことであった．すなわち，実験者が，「相手のマークを動かす」という手を含むルールにそのような期待を抱いているとすれば，実験者は被験者も「マークを動かす」ことを想定していると考えていることになってしまい，そもそも違背を行うことができなくなってしまうのである．

　では，実験者はいかにして，状況への意味付けを間主観的なものとみなし，違背実験を成立させているのだろうか．以下では，ハイパーゲームを認識の多層性を考慮したモデルへと拡張することで，そのような事態を表現することが可能となることを明らかにし，それによって，Garfinkel 理論の適用範囲を広げられることを示す．

⑵　複雑な現実認識場面への展開

　本節では，まず，ハイパーゲームによる現実認識の多層性の分析を紹介し，それによって，違背実験における実験者と被験者双方の意味世界の様子を表現できることを示す．そして，そこでの主観的共有知識の扱いに着目することで，Garfinkel の理論を現実認識の多層性を捉えうるものへと展開することを試みる．

それでは，ハイパーゲームによる認識の多層性の分析について確認していこう．ここでは，奇襲作戦を例としながら，ハイパーゲームのアイデアを紹介する．さて，今，AさんとBさんが戦闘状態にあり，Aさんが奇襲を試みようとしているとしよう．すなわち，Bさんがαやβで戦闘が行われると考えていると思われるため，Aさんはγを攻めることで戦いを有利に進めようとしているのである．そのような状態は，ハイパーゲームを用いると，図3-5のように表すことができる（cf. Benett & Dando 1979：Sasaki 2014）．

ここで注目すべきは，奇襲を仕掛けられるBさんは1つの利得表しか認識していないが，Aさんは，Aさんが認識するものと，Aさんが認識するBさんが認識するものという2つの利得表を認識していることである．このような場合，ゲームの成立やAによる行為の選択はどのように考えればよいのだろうか．

まず，ゲームの成立についてみていくことにしよう．前節で見たように，ハイパーゲームにおいてゲームの成立を支えていたのは主観的共有知識であった．つまり，行為者が，自らの認識する利得表が共有知識になっているとみなし，それに基づいて合理的にふるまうと考えることで，結果の予測が可能となるのである．したがって，図3-5においても，AさんとBさんが，自らが認識している利得表において，共有知識が成立しているとみなしていると考えればよいように思われる．

しかし，そのように考えると，奇襲の例におけるAさんによる状況の認識を捉えることができない．というのも，Aさんは奇襲作戦（「γを攻める」）が含まれている「Aさんが認識しているゲーム」については，共有されていないことを前提にしているからである．もし，そのゲームで主観的共有知識が成立しているとすれば，それは「γを攻める」という選択肢がBさんにも知られていると想定していることになってしまい，奇襲が成立しなくなってしまうと考えられるだろう[11]．

では，Aさんはどのように現実を間主観的なものとして認識しているのだろうか．複雑な現実認識を捉えようとする際に直面する，このような問題は，主観的共有知識という条件について改めて検討することで解決できるように思われる．Sasakiは，ハイパーゲームによって認識の多層性下における意思決

		B	
		αを守る	βを守る
A	αを攻める	4, 4	5, 0
	βを攻める	0, 5	2, 2
	γを攻める	6, −6	6, −6

Aさんが認識しているゲーム

		B	
		αを守る	βを守る
A	αを攻める	4, 4	5, 0
	βを攻める	0, 5	2, 2

Aさんが認識している，Bさんが認識しているゲーム

Aさんにとってのゲーム

		B	
		αを守る	βを守る
A	αを攻める	4, 4	5, 0
	βを攻める	0, 5	2, 2

Bさんが認識しているゲーム

Bさんにとってのゲーム

図3-5　奇襲作戦のハイパーゲーム的記述（網掛けは各利得表における生じるであろう結果）
注）「Aさんが認識している，Bさんが認識しているゲーム」と「Bさんが認識しているゲーム」は便宜的に囚人のジレンマと同型としている．また，網掛けが各利得表で生じるであろう結果．

定を的確に捉えるために，主観的共有知識について以下のような議論を展開している（Sasaki 2014）．まず，Sasaki は，共有知識の不成立というハイパーゲームが想定する状態では，それぞれの行為者は次のように考えざるをえないとする．すなわち，各行為者は，私が認識している利得表，私が認識している相手が認識している利得表，私が認識している相手が認識している私が認識している利得表…というように考える必要がある．というのも，相手の認識が定かでないということは，「相手が考える私」についても考えなくてはならないことを意味しており，それは，「相手が考える私が考える相手」についても，考えなくてはならないことを意味しているからである．

　このような行為者の状況の認識は，図3-6のように，認識の層として描く

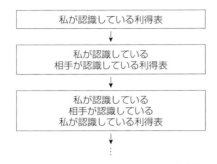

図 3-6　ハイパーゲームにおける認識の層

ことができる．そして，共有知識が成立していないがために，終わることなく層が積み上げられていくことが，ハイパーゲームにおいてゲームが成立しない理由となっているのである．

そして，主観的共有知識はこの連鎖に歯止めをかけるものとして位置付けられている．すなわち，行為者がある利得表について主観的共有知識が成立しているとみなすということは，それ以下の利得表は，それと同じものだとみなす，というである．このことは，相手がその利得表を共有知識だとみなしている，と想定することを意味している．

このように考えると，ここまで主観的共有知識として紹介したものは，それを限定的に捉えたものであったということができる．というのも，「自分が認識しているものと同じように相手も認識しているとみなす」ということは，図 3-6 でいえば，1 番上の利得表において，主観的共有知識が成立している状態のみを指すものだからである．それに対し，広い意味で主観的共有知識を捉えれば，図 3-6 が示すような，多層的な現実認識において，上から 2 つ目以降の層に対して，主観的共有知識が成立している状態を扱うことが可能となる．

以上の議論を踏まえると，奇襲の例におけるゲームの成立は次のように説明することができる．まず，B さんは自らが認識している利得表が共有知識になっているとみなしているといえる．すなわち，B さんは自らが認識する利得表が，A さんによっても認識されているとみなしているのである．他方，A さんの現実認識では，「A さんが認識している，B さんが認識しているゲーム」

において，主観的共有知識が成立していると考えられる．すなわち，Aさんは，Bさんがそのゲームを間主観的に同一な現実とみなしているとし，その上で，自身は「Aさんが認識しているゲーム」をプレイしているのである．

　さて，ここまでの議論は，現実認識の多層性を伴うハイパーゲームにおけるゲームの成立にかかわるものであった．次に，現実認識に多層性がある場合の行為の選択についてみていくことにしよう．はじめに，Bさんの行為の選択について考えてみる．Bさんの現実認識では，図3-6でいえば一層目にあたる利得表で主観的共有知識が成立していた．したがって，本章1節で述べたのと同様に，自らが認識している利得表に基づいて主観的合理化可能な戦略を選択することになる．

　次に，Aさんについて考えてみよう．上述したとおり，Aさんは多層的に現実を認識している．そのような場合，より下の層における相手の選択を考慮に入れて選択を行うと考えるのが自然であろう．というのも，相手が認識しているとみなしている利得表は下の層にあるものであり，相手の選択は，その利得表と主観的合理化可能性に基づいて行われることになるからである[12]．つまり，ここでは，Aさんは「Aさんが認識している，Bさんが認識しているゲーム」におけるBさんの選択を考慮に入れて，「Aさんが認識しているゲーム」に基づいて，行為を選択することになる．そして，両者がとるであろう選択を組み合わせることで，Aさんがγを攻め，Bさんがβを守るという客観的な結果が生じると予測することが可能となるのである．

　以上が，ハイパーゲームによる現実認識に多層性がある場合についての分析方法の概要である．そして，これを用いれば，三目並べ実験における実験者と被験者双方の意味世界を，図3-7のようなものとして捉えることができる．まず，手番交代制ではなく，一斉にマスをマークするゲームだとしよう[13]．そして，被験者はマスαとマスβのどちらをマークするかで悩んでおり，かつ，対戦相手である実験者はマスγとマスδのいずれかを選ぶだろうと考えているとする．そのような認識は図3-7の「被験者が認識しているゲーム」のように表すことができる．また，被験者はそれに対して，主観的共有知識を付与していると考えられる．そして，被験者は，「実験者がマスδをマークし，自分はマスβをマークする」という結果が最適なものであると考え，マスβをマー

実験者にとってのゲーム		
	被験者	
	αに置く	βに置く
実験者　γに置く	4, 4	0, 5
実験者　δに置く	5, 0	2, 2
実験者　動かす	6, −6	6, −6

実験者が認識しているゲーム

	被験者	
	αに置く	βに置く
実験者　γに置く	4, 4	0, 5
実験者　δに置く	5, 0	2, 2

実験者が認識している，被験者が認識しているゲーム

実験者にとってのゲーム

	被験者	
	αに置く	βに置く
実験者　γに置く	4, 4	0, 5
実験者　δに置く	5, 0	2, 2

被験者が認識しているゲーム

被験者にとってのゲーム

図 3‑7　三目並べ実験のハイパーゲーム的記述

注）「実験者が認識している，被験者が認識しているゲーム」と「被験者が認識しているゲーム」は便宜的に囚人のジレンマと同型としている．また，網掛けが各利得表で生じるであろう結果．

クすることになるだろう．

　他方，実験者は，被験者が「実験者が認識している，被験者が認識しているゲーム」のように状況を意味付けていると考えている．その上で，「実験者が認識しているゲーム」のように，相手がどこをマークしても，相手のマークを動かすことが最適であると自らの置かれた状況を認識しているといえる．また，このように考えたとき，実験者は，奇襲作戦を試みたプレイヤーがそうであったように，「実験者が認識している，被験者が認識しているゲーム」に多層的な主観的共有知識を与えているといえる．

　よって，実験者は，「実験者が認識している，被験者が認識しているゲーム」における被験者の選択を考慮に入れて，「自分は相手のマークを動かし，被験

者はマス β をマークする」という結果を得るために，相手のマスを動かすだろう．

したがって，ゲーム全体では，実際の三目並べ実験で行われたように，「実験者はすでにあるマークを動かし，被験者はマス β をマークする」という客観的な結果が生じるのである．[14] このように，ハイパーゲームを用いれば，Garfinkel の理論では捉えることができなかった現実認識の多層性を捉え，違背実験の様子をより詳細に描くことができる．このことは，構成的期待や信頼といった概念がより射程の広いものへと拡張可能であることを意味している．以下では，そのことを示していく．はじめに，Garfinkel のアイデアを改めて確認しておこう．Garfinkel の議論の出発点は同一説の論理的帰結，すなわち，人々が異なるしかたで世界を意味付けている，つまり，異なる現実を生きているにもかかわらず，その間主観性が達成され，相互行為が可能になるのはなぜか，という問題であった．そして，Garfinkel は，人々は構成的期待を抱いており，それによって，問題となっている間主観的同一性が成立し，その困難が解決されているとしたのである．

次に，本節で論じてきた，ハイパーゲームにおける認識の多層性をめぐる議論を思い出そう．ハイパーゲームにおいて，行為者の認識が，図3-6が表すような無限につづくものとなってしまい，そのような状態ではゲームが成立しえないのであった．これは，ハイパーゲームが共有知識の仮定を有していない，すなわち，各行為者が相手の手の内や出方についての情報を有していないことに起因していた．

そして，ハイパーゲームでは，図3-6のような認識状態にあるゲームを成立させるための条件として，主観的共有知識というものが導入されたのであった．つまり，行為者が，認識の層の中のどこかで，「相手はこの利得表を間主観的に同一なものとしている」とみなすことで，相手の現実認識のしかたを確定している，と考えるのである．

では，そのようなハイパーゲームのアイデアと Garfinkel の理論はどのような関係にあるのだろうか．まず，Garfinkel の理論における同一説の論理的な帰結と，ハイパーゲームで問題となった図3-6のような状態は同様の事態を指すものであるといえる．また，前節で見たように，構成的期待と主観的共有

知識は理論の上で同様の働きをしているといえる．つまり，いずれも現実についての認識を間主観的なものとしているしくみを描いているのである．

　ここで重要なことは，世界の間主観的同一性を保証する構成的期待と対応するものは，狭い意味での主観的共有知識，すなわち，ある行為者が「私が認識している利得表が相手と共有されているとみなしている」状態であることである．しかし，ハイパーゲームにおける認識の多層性をめぐる議論で明らかになったことは，主観的共有知識を緩く捉えても，つまり，私と同じものを見ているとみなさなくても，相手が間主観的な現実として捉えているものを決定しさえすれば，ゲームが成立するということである．

　このことは，構成的期待が，その条件を緩めてもなお相互行為の成立を説明できるものであることを意味している．すなわち，Garfinkel の理論は，構成的期待を「私と相手は同じように…」という期待ではなく，「私は状況を○○と捉えており，相手は状況を△△と捉えている．そして，相手は，△△という認識が私にも共有されている」という期待へと拡張することで，現実認識の多層性を捉えうるものへと拡張できるのである[15]．それによって，はじめて，違背実験という相互行為の成立を十分に説明することができるのだ．

4　ま　と　め

　本章では，本書全体を貫く意味構成の 3 水準という図式，すなわち，ゲーム構造の形成，間主観性の成立，ゲーム結果についての予想の充足・違背という 3 つの観点の内，主として，第 2 の水準について議論を行ってきた．そして，ハイパーゲームを導入することで，Schutz や Garfinkel が論じたのと同様のしかたで間主観性の成立についてゲーム理論的に表現することができることを示した．その際，ハイパーゲームにおける主観的共有知識という仮定が，Garfinkel がいうところの構成的期待や信頼よりも一般的に相互行為の成立条件を表現したものであることが明らかになった．

　さて，前章での議論を踏まえると，ここまでで，ゲーム構造の形成と間主観性の成立という 2 つの水準について，社会学的相互行為論の知見とゲーム理論の枠組みが連続的な，あるいは，重なりあうものであることを示せたといえる

だろう．すなわち，Schutz の論じた意味世界の構成はゲーム構造の形成へと繋がり，また，Schutz の視界の相互性の一般定立や Garfinkel の信頼がハイパーゲームにおける主観的共有知識と重なるものなのである．とはいえ，そのような議論によっては，ゲーム理論の前提となることを社会学理論によって補いうることが示されただけで，ゲーム理論が専門とする合理的な意思決定が各水準に影響を与える様子を描くには至っていない．

しかし，本章の議論は，合理的な意思決定が意味構成の第1，2の水準にも影響を及ぼす場合があることを示唆している．まず，ゲーム構造の形成について見ていこう．本章3節で提示した違背実験における被験者の利得表は実験者が意図して設定したものである．すなわち，実験者が被験者の認識を操作したと考えられる．その際，相手の利得表を操作するか否かについて合理的な選択がなされていたと考えることができないだろうか．

もし，そのようにゲーム構造を自他のあいだに設定する様子をゲーム理論的に描けるとしたら，間主観性の水準とゲーム結果の予想の充足・違背の水準についても，合理的選択の結果として説明できる可能性がある．まず，違背実験における現実認識の多層性を支える実験者の間主観性のあり方の変化は，認識の操作という合理的な選択の結果として生じたものであると考えられる．そして，ゲーム結果の予想の充足・違背についても，合理的な意思決定を行った末に，実験者が被験者にとっての違背を招いたと考えることができるだろう．

そこで，次章では，ここまでゲーム理論的な分析の前提として捉えてきたゲーム構造の形成や，間主観性の成立について，また，予想の充足・違背について，合理的な意思決定の結果として捉え直していくことを試みる．その際，参照するのは，Esser の状況の定義論と Goffman のフレーム分析である（Esser 1996；Goffman［1974］1986）．

注
1） inside common knowledge は「内部共有知識」と訳されている（猪原 2002）．しかし，後述する主観的合理化可能性（subjective rationalizability）に合わせて，本書では主観的共有知識とする．
2） 浜はこの問いを上述したように整理した上で，それを「羅生門問題」と名付けている（浜 2006：275-6）．浜は，Garfinkel がとる立場は，黒澤明監督の映画『羅生門』にも

みてとることができると指摘している．『羅生門』は1人の男の死に関する3人の証言
によって構成された作品であるが，ここで注目すべきは，その3人の証言が全く異なっ
たものとなっていることである．すなわち，3人のうちの1人は，男は自害したと言い，
あとの2人は，それぞれ異なる状況下で，自分が男を殺した，と証言するのである．こ
のことは，3人の証言は，それぞれ独立した事実を構成しており，それをもとに男の死
の真相を問うことはできないということを意味している．

3） このように，相互行為に参加する人々の意味世界を科学者視点で捉えることが，
　　Schutz と比べたときの特徴といえる．

4） 織田は現実認識のゲーム理論的研究のためにはハイパーゲームの導入が必要であるこ
　　とを指摘していたが，当時は解概念が未発達だった（織田 1997）．しかし，現在では多
　　くの研究がなされており，本書が依拠する Sasaki が考案した主観的合理化可能性とい
　　う解概念もその1つである（Sasaki 2014）．ハイパーゲーム研究の動向については N.
　　S. Kovach らによるレビューが詳しい（Kovach et al. 2015）．

5） 2つの条件はいずれも認識の多層性についての分析に対応しうるものである．した
　　がって，以下で紹介するよりも複雑なものとなっている．本章3節で詳しく述べる．

6） 厳密な数学的定義は Sasaki の議論を参照（Sasaki 2014）．

7） ところで，このように，それぞれの行為者が思い描いていたものとは異なる結果が生
　　じるときには認識の更新が起こると考えられる．とはいえ，通常のハイパーゲームの枠
　　内では，たしかにそれが起きることは示唆されるものの，認識の更新の過程については
　　論じることはできない．それについての数理的な研究は猪原健弘が研究を行っているが，
　　本書では立ち入らない（猪原 2002）．

8） とはいえ，後に見るように，視界の相互性の一般定立が指す事態は，構成的期待が示
　　すものよりも広いものであるといえる．

9） 前章での議論は，Schutz 理論における行為者の意味世界をゲームツリーによって表
　　現できるとするものであった．しかし，よく知られているように，ツリーとして表され
　　る手番のあるゲームも利得表として描くことができる．したがって，ここではその違い
　　に言及せず，便宜的に利得表をベースに考えることにする．佐々木が，展開ゲームとハ
　　イパーゲームを組み合わせたモデルによる議論を行っていることからわかるように，ハ
　　イパーゲームにおいてゲームツリーを用いることは可能であるといえる（佐々木 2011）．

10） 前章で見たように，Schutz 理論における行為者は，行為の選択に際しては，合理的
　　であるといえる．

11） この問題は，前節の最後で述べた，Garfinkel のアイデアでは違背実験の実験者の意
　　味世界の間主観性を捉えることができないこととパラレルになっている．

12） Sasaki による主観的合理化可能性の定義は，このような認識の多層性下での意思決
　　定を論じるためのものとなっている（Sasaki 2014：5）．

13） 本来であれば，展開形ゲームとしてツリーを用いるか，手番交代のあるゲームとして
　　利得表を描く必要がある．しかし，ここで重要なことは，実験者の認識に多層性がある
　　こと，および，それによって，被験者にとって予想外の結果が生じることを導出するこ

とであると考えられる．したがって，このような単純化を行う．

14) このように予想外の結果を受けて認識の更新を余儀なくされるような状況は，違背実験のような人工的なものだけではなく，日常的な相互行為のなかにも見出すことができる．たとえば，Schutz は，「よそ者」や「帰郷者」を論じるなかで，久しく戻ることのなかった故郷へ帰る者は戸惑いを覚え，また，見知らぬ土地で生きていくことになったよそ者は現地の人との食い違いのなかで生きていかなければならないことを論じている（Schutz［1944］1976a，［1944］1976b）．

15) 浜が指摘し，本書でも何度か触れてきたように，Schutz の視界の相互性の一般定立は，間主観性の成立を説明するという点では，構成的期待と理論の上で同様の働きをしているものである（浜 2006）．しかし，Schutz の議論は，本書がいうところの，認識の多層性を視野に入れたものであったように思われる．たとえば，Schutz は，『ドン・キホーテ』におけるドン・キホーテとその周囲の人物との相互行為を分析するなかで，独特なしかたで現実を捉えているドン・キホーテと戯れる人々の様子に着目し，多元的現実論やそこでの主要概念である「現実のアクセント」を用いて説明を試みている（Schutz［1945］1962＝1985，［1954］1976＝1991；Schütz und Luckmann 2003＝2015；那須 1997）．そのような相互行為場面は，本書の言葉を用いれば，ドン・キホーテが自らの世界への意味付けに主観的共有知識を付与している一方で，周囲の人々は，ドン・キホーテの認識において，主観的共有知識が成立しているとし，その上で，自らが真の現実だとみなす状況を認識していると言い換えることができるだろう．

第4章
合理的な選択結果としての「今，ここで起きていること」
── Esser と Goffman を手がかりにして ──

は じ め に

　本章では，前章において示唆された，ゲーム構造の形成，間主観性の成立，ゲーム結果についての予想の充足・違背といった意味構成の3水準に対する，ゲーム理論的なアプローチを試みる．その際，Esser の状況の定義論と Goffman のフレーム分析を参照する[1]．それらはいずれもフレームという語を用いて状況の定義に対して主体的に取り組む様子を捉えようとしている．また，前者は数理的なアイデアを含んでいるものである．

　まず，Esser の状況の定義の選択論を検討し，それを展開していく（1節）．Esser は，フレームという用語によって現実認識を枠付けるものを捉えようとしている．そして，人々がそれを合理的に選択するというモデルを提案している．ここでは，その議論をゲーム理論的に展開し，フレーミングゲームというモデルを提案する．ついで，Goffman のフレーム分析を紹介する（2節）．そこでは，フレームの転調や偽造といったしかたで，現実認識のありようを操作するという視点が提示されている．

　その上で，ハイパーゲームにおける認識の多層性モデルをゲーム構造の意図的な操作に関するモデルとして捉え直すことが可能となる（3節）．また，ゲーム結果についての予想の充足・違背についても，それが生じるいくつかの条件を導出する．

1　合理的選択とゲーム構造の形成再考

⑴　Esser 理論の相互行為論的展開に向けて

　ドイツの社会学者 Esser は，合理的選択理論においては，自明なものとされている状況の定義を，合理的選択の結果として説明することを目指した（Esser 1993, 1996）．彼の議論は，フレーム選択モデルという，人々の単独行為を扱うモデルへと発展している[2]（Esser 2001：Kapitel 7, 2002；Kroneberg 2005＝2012, 2014）．それに対し，ここでは，Esser の合理的選択理論的な状況の定義論のアイデアを抽出し，それをゲーム理論的なものへと展開していくことを試みる．

　さて，Esser は「フレーム」という概念を用いることによって，状況の定義を論じている[3]（Esser 1996）．フレームとは，記憶の中に蓄積されている，ある場面についてのふるまい方のモデルである（Esser 1996：17）．そして，状況の定義は，自らの置かれている場面に対して，あるフレームを適用すること，すなわち，フレーミングにより定まるとする．たとえば，ある親族の集まりを「結婚式」として認識することができるのは，そのような場面を「結婚式」とフレーミングしているからである（Esser 1996：11）．

　以上のような Esser のアイデアは，相互行為への展開可能性も含んでいる（Esser 1996：26-9）．彼の議論は，基本的に単独での行為を前提に提示されているが，相互行為に参加している各行為者のふるまいのすべてがフレーミングを行う指し手になっているというのである．すなわち，相互行為においては，A さんの行為が B さんの状況の定義を規定し，その枠内でなされた B さんの行為が A さんの状況の定義を規定する……という連鎖が生じるのだ[4]．

　では，Esser の状況の定義論は，どのように合理的な選択と結びついているのだろうか．Esser は，フレーミングが二重の仕方で状況を定義すると考えている．すなわち，当の場面において支配的となるようなフレームを選択することを通して，そして，そのフレームが自明なものとして現れることによって，そのフレーム内に行為者を繋留することを通してである．

　ここで重要なことは，Esser がフレーミングを状況の定義を規定する枠組みの選択と捉えていることである．そして，認知心理学や Schutz の議論を参照

しながら，その選択はたいていの場合，これまでの経験に基づいて自動的に行われているとしている．

しかし，フレーミングは，時に自動でなされなくなることがある．すなわち，状況への意味付けそれ自体が熟慮すべき問題となるような場面があるのだ[5]．そのような主張の背景には，Schutz の「問題的可能性」に関わる議論がある（Schutz 1970＝1996；Esser 1993）．Schutz が挙げている例を用いるならば，たとえば，部屋の中に細長いものがあるとき，それは蛇かロープか，外から爆発音がしたとき，安全か危険かというフレーミングを意識的に行っていると考えられるのである（cf. Schutz 1970＝1996；Schütz und Luckmann 2003＝2015）．

そして，そのような意識的なフレーミングは合理的な選択として考えることができる，というのが Esser の主張の核心である（Esser 1996：6-11）．人々は，社会・文化的に規定され，自らの記憶のうちにある諸フレームの中から，社会的に是認された基準やフレームという「モデル」と，目の前に広がる状態との適合度などを考慮しながら，効用を最大化するようにフレーミングを行うのである[6]．

そのような合理的なフレームの選択に関わる議論を，Esser 自身は相互行為の水準へと展開してはいないものの，その議論の前提となっている Schutz は，相互行為における意識的なフレーミングが行われる場面を描いている（Schutz [1944] 1976a；片桐 1993）．そのような問題意識は，たとえば，異郷の地を訪れたよそ者が，その集団に属する人々との交わりの中で自他の置かれている状況を選択的に意味付けていく過程についての分析に現れている．

片桐は，そのような相互行為場面を「問題的状況」と呼び，「よそ者」の議論をマジョリティとマイノリティとのあいだの自他の類型化をめぐるせめぎ合いの考察へと展開している（片桐 1993：3章，5章）[7]．マジョリティに属する個人とマイノリティに属する個人とのやりとりでは，自他の類型化について，マイノリティが自らの類型を呈示しようとしても，マジョリティの持つステレオタイプが支配的となってしまうという．その時，マイノリティはある種の抑圧，すなわち，「本当は自らの属する集団にとって自然なフレーミングを行いたいが，マジョリティに従うしかない」という感覚を覚えることになるだろう．

以上のように，フレーミングの意識的な選択は相互行為場面においても見出

すことができる．そして，その様子はゲーム理論的に表すことができるように思える．というのも，上述したマジョリティとマイノリティのあいだのフレーミングは，相互依存的な選択がなされる場面だと考えられるからである．

このことは，さしあたり，ゲーム理論的な分析の自明な前提と考えてきたゲーム構造の形成が，問題的状況という場面においてのみではあるものの，ゲーム理論的に扱うことができる可能性を示唆している．というのも，ここでフレームと呼ばれているものは，ゲーム理論の観点からは行為選択肢集合のようなゲームの構造と重ね合わせることができると思われるからである．事実，(本書とは別様のしかたで) Esser の議論を発展させた，フレーム選択モデルにおいては，フレームはスクリプト，すなわち，行為選択肢集合を含むものと考えられている (cf. Kroneberg 2014)．

以下では，フレーミングをめぐるゲームをフレーミング・ゲームと名付け，その定式化を行っていく．

(2) フレーミング・ゲーム——ゲーム構造のゲーム理論的選択

ここでは，上述した議論をもとに，相互行為における意識的なフレーミングをゲーム理論的に表現していく．すでに述べたように，フレームはスクリプト，すなわち，社会・文化的に規定された行為選択肢集合を含むものとされていた．スクリプトを各フレームに固有のものとすれば，フレーミングは行為選択肢集合の選択と考えることができる．

そして，フレーミング・ゲームは，フレームに含まれる行為選択肢集合を用いて利得表を構成するための事前ゲームであるといえる．フレーミングは内的な過程であるが，各々のふるまいがフレーミングのための資源となっていると考えれば，それは互いに判別可能なやりとりであると考えることができる (cf. Esser 1996 : 26-7)．また，双方間のフレームの一致／不一致は，各々が枠付けたフレーム内で予測される行為の組が生じているか否かで人々が判断可能であると考えられる．そして，そのような帰結を予想して，フレーミングの際の利得を決定しているといえるだろう．

以下，数理的な定式化を行っていこう．ただし，一般的な定式化ではなく，ここでは2者間において，それぞれが2つのフレームを抱いており，それぞれ

のフレームに含まれる行為選択肢集合は，2つの選択肢が成る，最も単純なものを考えることとする．

　まず，プレイヤー i $(i=1, 2)$ がそれぞれフレーム F_j $(j=1, 2)$ を選択肢として想定しているとする．すなわち，フレーミング・ゲーム FG は，プレイヤー i がフレーム F_j を選択するゲームであると考える．そして，プレイヤー i にとってフレーム F_j には，行為選択肢集合 $A_{ij}=\{a_{ij1}, a_{ij2}\}$ が内包されているとする．それゆえ，FG は A_{ij} を選択するゲームであるともいうことができる．

　ここで，それぞれのプレイヤーがフレーム F_j を選択することによって生じる帰結は4通りである．そして，それぞれについて，各プレイヤーが $A_{ij}=\{a_{ij1}, a_{ij2}\}$ を行為選択肢とする，2×2 の利得表からなるゲーム $G_{\Pi F_j}$ が生成される．ここで，各ゲーム $G_{\Pi F_j}$ において予測される結果に伴う利得が，FG における対応する F_j の組みに対する利得の変数の1つであると考えることができる[8]．

　以上のようなアイデアの概要は，図4-1のように示すことができる．フレーミング・ゲーム FG における利得が，ゲーム $G_{\Pi F_j}$ の均衡による影響を受ける様子が描かれている（図4-1では，ゲーム $G_{F_1 \times F_1}$ のみ記載）．FG における利得に影響を与えるその他の変数としては，フレーミングが社会的に是認されたものとなっているか否かや，他者の選択との一致／不一致などを考えることができるだろう．たとえば，選択するフレームが社会的に是認されているものとは異なる場合や，両者のフレームの選択について不一致が生じている場合，利得は低く見積もられると場合があると考えることができるだろう．

　さて，フレーミング・ゲームの例として，先述した，マジョリティとマイノリティとのやりとりを考えてみよう（片桐1993）．すなわち，マイノリティについての類型化をめぐって，マジョリティのもつステレオタイプな見方が優先

	プレイヤー 2	
	F_1	F_2
F_1	*, *	*, *
F_2	*, *	*, *

プレイヤー 1

フレーミング・ゲーム FG

	プレイヤー 2	
	a_{211}	a_{212}
a_{111}	*, *	*, *
a_{112}	*, *	*, *

プレイヤー 1

ゲーム $G_{F_1 \times F_1}$

図4-1　フレーミング・ゲームのイメージ（＊は利得を略記したもの）

	マイノリティ	
マジョリティ／マイノリティ	F（マジョリティ）	F（マイノリティ）
F（マジョリティ）	(3, 2)	(2, −1)
F（マイノリティ）	(0, 0)	(1, 3)

マジョリティ（左欄外）

図4-2　マジョリティ・マイノリティ間のフレーミング・ゲームの利得例（網掛けが均衡）

されてしまうという事態である.

　まず，マジョリティ，マイノリティそれぞれに属するプレイヤーが，F（マジョリティ）とF（マイノリティ）という2つのフレームを抱いているとする. ここで，それぞれのフレームは，各文化におけるある場面での行動様式に基づく，行為選択肢集合であるとする.

　そして，マジョリティにとって，F（マジョリティ）が支配戦略となっており，マイノリティがF（マジョリティ）を選択する時，片桐が指摘したような結果が生じる（図4-2）[9].

　ここで，マジョリティにとって，結果に対する選好順序は，

$$(F(マジョリティ),\ F(マジョリティ))$$
$$>(F(マジョリティ),\ F(マイノリティ))$$
$$>(F(マイノリティ),\ F(マイノリティ))$$
$$>(F(マイノリティ),\ F(マジョリティ))$$

となっている. マジョリティは基本的にF（マジョリティ）を選びたいと考えられる. しかし，食い違いの時はコストがかかることから，相手がF（マイノリティ）を選ぶならば，食い違わない方，すなわち，F（マイノリティ）を選択するとする.

　他方，マイノリティにとって，結果に対する選好順序は，

$$(F(マイノリティ),\ F(マイノリティ))$$
$$>(F(マジョリティ),\ F(マジョリティ))$$
$$>(F(マイノリティ),\ F(マジョリティ))$$
$$>(F(マジョリティ),\ F(マイノリティ))$$

となっている．マイノリティにとって，F（マイノリティ）で一致することが最も望ましい結果である．そして，相手がF（マジョリティ）を選んだ時のサンクションを忌避し，次点では（F（マジョリティ），F（マジョリティ））を選好することになると考えられる．そのような選好を持っている結果，マイノリティは最も選好する結果とは異なる結果に甘んじなければならないのである[10]．

さて，上述した議論によって，行為選択肢集合の形成について，ゲーム理論的に分析する視座を提案することができた．すなわち，Esser のアイデアをゲーム理論へと展開することで，ゲーム構造の形成を合理的な意思決定の結果として論じることができた．ただし，フレーミング・ゲームについては，非／前意図的に生成されるとせざるをえない条件つきであることに注意が必要であろう．

次節では，Goffman の議論を導きの糸としながら，ここで述べたフレーミングが前章で示された認識の多層性の水準へと展開可能であることを示していく．

2　合理的選択と間主観性の成立再考
—— Goffman のフレーム分析 ——

Goffman は，Schutz や，彼に影響を与えた W. James，そして，Garfinkel の初期の（エスノメソドロジー以前の）研究に影響を受け，相互行為に参加する行為者の意味世界を研究の対象としている（Goffman［1974］1986：2-6）．そして，それらの中でも，とりわけ，James や Schutz の多元的現実論に注目し，相互行為に参加している行為者が，何を今ここで起こっている現実とみなしているのかという問題に関心を寄せていく（Goffman［1974］1986：3-4, 7）．

そして，Goffman は，G. Bateson 由来の「フレーム」という概念を用いることで，そのような問いにアプローチする．Goffman にとって，フレームとは，「社会的な，あるいは，そうではないような出来事とそれへの主体的な関与を統治するような，人々が状況を定義する際に従う組織化の原理」である（Goffman［1974］1986：10-1）．すなわち，フレームは，行為者が状況を定義する際に参照し，それを規定するものであり，そして，それによって相互行為を可能にしているものである．このフレームによって，人々は，世界への意味付けを行

い，自然現象や相互行為を理解可能な，秩序立ったものとして経験することができるようになる．

　また，Goffman は，フレームの基盤となっている解釈図式として，プライマリー・フレームワーク（primary frame works）を挙げ，基本的には，それによって，人々の世界への意味付けや行為が可能になっているとしている（Goffman［1974］1986：21）．プライマリー・フレームワークには，行為者が介在しない自然的な出来事（天気，太陽の動きなど）に対するものと，行為者によって導かれた出来事（戦争など）についてのものがある．それらを参照することによって，人々は，「今，雨が降っている」や「今，戦争をしている」といったように，「今ここで起きていること」を認識し，行為することが可能となるのである（Goffman［1974］1986：22）．

　Goffman がフレーム概念を導入した目的は，相互行為におけるフレームのうつろいやすさを分析することにある（Goffman［1974］1986：10）．つまり，Goffman は，行為者たちの手によって，現実に対する認識が変化を被ることに着目したのである．Goffman は，主として「転調（keying）」と「偽造（fabrication）」という二つの概念を用いることで，その様子を捉えようとしている．[11]　本書が注目している現実認識の多層性は，「偽造」において現れるが，フレーム分析の着眼点を確認する上で重要であるため，以下では両方を取り上げる．[12]

　転調とは，プライマリー・フレームワークを参照することによって導かれるものと同じパターンの行動がなされているにもかかわらず，行為者たちには，それらが本来の意味とはまったく異なるものとして経験されるように，フレームが変化することを指している（Goffman［1974］1986：43-4）．転調の様式としては，遊びや劇のような「つくりごと（make-believe）」，スポーツのような「競争（contests）」，リハーサルや練習のような「技術習得のための再現（technical redoings）」などが挙げられている（Goffman［1974］1986：48-58）．[13]　たとえば，「戦争」というプライマリー・フレームワークが，行為者たちによって転調されることによって，真剣な戦争としてではなく，遊び（子どもの戦争ごっこ）や，競技（サバイバルゲーム），そして，訓練（軍の演習）として経験されるようになるのである．[14]

　次に，偽造について見ていこう．偽造とは，ジョークやサプライズパー

第4章　合理的な選択結果としての「今，ここで起きていること」　99

ティー，心理学などの実験，そして，詐欺などのように，ある行為者（たち）
が，プライマリー・フレームワークを援用することで，他の行為者が「今起
こっていること」について誤った現実認識をするように，意図的にフレームを
つくりかえることを意味している（Goffman［1974］1986：83-4, 87-104）.

　そして，Goffman は，そのような場面を考える際に，現実認識の多層性を捉
えている.[15) Goffman は，偽造が行われている場面では，人々は2つのグループ
に分かれるとしている（Goffman［1974］1986：301）. すなわち，偽造されたフ
レームを通して現実を認識しているグループ（騙された側）と，それを知った上
で，異なる視点から現実を認識しているグループ（騙す側）である. そこでは，
騙されている側が，偽造されたフレームによって現実を認識している一方で，
騙した側は，そのことを知った上で，異なるしかたで現実を認識しているので
ある.[16)

　以上のように，Goffman は，「今ここで起きていること」を定義するという
意味でのフレームを主体的に操作可能なものであると捉えている. そして，フ
レームの偽造といったことを論じる際に，現実認識の多層性に着目している.
しかし，Goffman の議論には，プライマリー・フレームワークという概念の不
備という問題が残っている（中河 2015）. というのも，Goffman はフレームの転
調や偽造といったしかたで状況の定義の変容を捉えてはいるものの，その根底
にある意味構成の水準では議論を行っていないのである.

　そのような難点を補うものとして，Esser の議論を考えることができるだろ
う.[17) すなわち，人々が状況の定義を操作する際には，その都度フレーミングを
行っていると考えることができる. そして，Esser 的なフレームは，数理的に
定式化できるものである.

　それゆえ，先に論じたようなフレーミング・ゲームの結果として，認識の多
層性が生じ，間主観性のあり方にも変化が生じると考えられる. たとえば，
Garfinkel の違背実験は，偽造が行われた例の1つといえる（心理学などの実験）.
そこでは，実験者がフレーミングを行うことで多層的かつ非対称な現実認識が
生じていた. すなわち，実験者が自他を通常の三目並べゲームのプレイヤーで
あるというフレーミングを行ったことによって，非対称・多層的な現実認識が
生じ，それに対応するように間主観性の成立のしかたも変化したのである.

100

以上の議論から，ゲーム理論の前提とみなされていた，ゲーム構造の形成と間主観性の成立という水準について，相互依存的な合理的意思決定の結果として論じられることが示された．次節では，ゲーム結果についての予想の充足・違背という水準にゲーム理論的にアプローチしていく．

3　合理的選択とゲーム結果への予想

(1)　ゲーム結果への予想の違背条件

本節では，合理的な意思決定の結果，ゲーム結果についての予想の充足・違背が生じる可能性について論じていく．たとえば，前章で取り上げた，Garfinkel の三目並べ実験においては，実験者による選択の結果として，被験者の予想が覆されたと思われる．

そのような事態を論じていくために，ゲーム結果についての予想が充足・違背する条件について，前章で用いた掃除の例を取り上げながら考察していこう．それは，教師から放課後の教室掃除を命じられた A さんと B さんが，掃除をするか，それともサボってしまうかについての選択を行うような場面である．

そして，その場面において，A さんと B さんは異なる現実認識を行っているのだった（図4-3）．このような場合，A さんは「サボる」を，そして，B さんは「掃除する」を選択することになる．A さんの認識の中では，互いに掃除をした方が望ましい結果が生じるとは考えられるものの，互いに相手を出し抜こうとしてしまい，（サボる，サボる）という結果が生じると予想されている．他方で，B さんの認識の中では，サボることに対して教師に叱られるという負のサンクション（－5の利得）があると考えられているため，（掃除する，掃除する）が結果として生じると予想されている．

		B	
		掃除する	サボる
A	掃除する	4, 4	0, 5
	サボる	5, 0	2, 2

Aさんが認識している利得表

		B	
		掃除する	サボる
A	掃除する	4, 4	0, 0
	サボる	0, 0	－3, －3

Bさんが認識している利得表

図4-3　違背が生じる例（図3-4の再掲）

第4章　合理的な選択結果としての「今，ここで起きていること」　*101*

　では，その結果を2人はどう捉えるのだろうか．一方，Aさんは2人とも「サボる」を選択すると考えているため，Bさんが掃除をしたことを知ったときに自らの予想とは異なる結果が生じたことを認識することになるだろう．他方，Bさんは2人とも「掃除する」を選択すると考えているため，Aさんが掃除に来なかったときに自らの予想とは異なる結果が生じたことを認識することになるだろう．

　以上のように，双方が異なるゲーム構造を認識している場合には結果への予想について違背が生じる場合がある．しかし，同様に異なる認識を抱いている場合であっても，違背が生じないことがあることも考えられる．たとえば，上述した場面におけるBさん同様，Aさんも教師による負のサンクションがあると考えていたとしよう．ただし，そのサンクションを利得として表現する際に，マイナス5を割り当てたBさんよりも弱い，マイナス4を割り当てていたとする．つまり，大して怒られることはないとたかをくくっているAさんはBさんよりも教師に叱られることのコストを低く見積もっているとするのである．

　この時，双方の認識は図4-4のように表すことができる．そして，そこでは，利得のあり方が双方で異なっているにもかかわらず，予想する結果は同じ（掃除する，掃除する）となる．したがって，このような場面においては，予想と実際に生じる結果とのあいだに違背は生じないといえるだろう．

　他方で，このように予想される結果が双方で一致している場合であっても，その結果における利得について不一致がある場合にはその点で違背が生じることはあるだろう．たとえば，Aさんは掃除をすることのコスト（e.g. 作業内容，かかる時間）を実際よりも低く見積もっており，それに対し，Bさんは適切に認識していたとする．すなわち，掃除することで得られる利得について，A

	B	
	掃除する	サボる
A 掃除する	4, 4	0, 1
A サボる	1, 0	−2, −2

Aさんが認識している利得表

	B	
	掃除する	サボる
A 掃除する	4, 4	0, 0
A サボる	0, 0	−3, −3

Bさんが認識している利得表

図4-4　ゲーム結果に対する予想が一致する例

	B	
A	掃除する	サボる
掃除する	3, 3	0, 0
サボる	0, 0	−3, −3

Ａさんが認識している利得表

	B	
A	掃除する	サボる
掃除する	4, 4	0, 0
サボる	0, 0	−3, −3

Ｂさんが認識している利得表

図 4 − 5　結果における行為は一致するも利得が異なる例

さんはＢさんよりも高い値を想定しているのである.

　たとえば，その様子は図 4 − 5 のように表すことができる．ここでは，双方ともに教師による負のサンクション（マイナス 5 ）を想定しており，その結果，（掃除する，掃除する）が均衡となっている．しかし，Ｂさんは掃除することの利得をＡさんよりも 1 低く見積もっている．したがって，生じる結果は（掃除する，掃除する）と同様のものとなるが，利得については異なるものとなってしまう．そして，仮にＢさんが想定したように掃除が手間のかかるものであったとすれば，Ａさんにとっての違背が生じると考えることができるだろう.

　ここまでの議論をより一般的な水準で考えてみよう．それぞれのプレイヤーが認識しているゲーム構造は，プレイヤーの数，行為選択肢，利得という 3 つから成り立っている．そして，これらのどこに差異があるかで場合分けしていくと[18]，ひとまず，すべての要素が一致しているときには，違背は生じないと考えることができるだろう.

　では，各結果の利得が異なる場合はどうであろうか．そのような場合であっても，結果への予想が行為の組，利得の 2 つの面で一致している場合には違背は生じないと考えられる[19]．すなわち，利得の違いにより，結果への選好順序が異なっていたとしても，生じうる結果についての予想が一致していれば，違背は生じないのである.

　しかし，仮に行為選択肢集合が一致していたとしても，互いの認識する利得が異なると，次のように違背が生じるといえる．第 1 に，予想される結果における行為の組が異なったものとなっている場合，第 2 に，たとえ行為の組が一致していたとしても，その結果に割り当てられた利得が異なっている場合である.

そして，異なる行為選択肢集合を抱いているとしても事態は同様である．た
とえば，Aさんは2つの他に「Cさんに代わりを頼む」という選択肢を持って
いて，それを選択した場合，BさんはAさんではなくCさんが掃除をするこ
とを見て，予想の誤りに気がつくことになるだろう．しかし，このような場合
であっても，予想される結果が行為の組，利得の2つの面で一致しているなら
ば，異なる選択肢を抱いていることは問題とならず，円滑に相互行為が進んで
いくと考えられるだろう[20]．

(2) 意図的な予想の違背

ここまでの議論によって，結果への予想についての違背が生じる条件につい
て導出することができた．そして，そのような性質を利用することで，違背を
目的とした行為の選択ができると考えられる．その例として，今一度三目並べ
実験を見てみよう（cf. 図4-6）．

ここで，実験者は自らが作り出した状況において，被験者が認識していない
選択肢，つまり，マークをずらすという選択肢を有していることを認識してい
る．そして，結果への選好を評価するとき，それが支配戦略となっている．そ
れはこのゲームにおける目的が違背を起こすことにあることを意味している．

他方で，合理的な選択を通して，違背を生じさせないようにする場合もある．
すなわち，他者が戸惑いを覚えないように気遣いをする場面などを考えること
ができるであろう．たとえば，先の違背実験と同様の認識がなされている場面
において，実験者が被験者の混乱を避けるために，相手が認識していない選択
肢をとることを避けることがあるかもしれない．

このように，本書の枠組みは，意図して相手が抱いている結果に対する予想
に違背を生じさせようとしている状況を捉えられるという点で，意味構成の第
3水準への合理的選択的なアプローチとなっているといえる．そして，そこで
捉えるふるまいは，第2水準である間主観性の成立にも影響を与えると考えら
れる．というのも，Garfinkel の違背実験における被験者のうち，違背によっ
て構成的期待を抱くことが困難となってしまった者があったように，結果への
予想の充足／違背は，間主観性の水準に影響を与えると考えられるからである．

被験者		
	αに置く	βに置く
実験者　γに置く	4, 4	0, 5
δに置く	5, 0	2, 2
動かす	6, −6	6, −6

実験者が認識しているゲーム

被験者		
	αに置く	βに置く
実験者　γに置く	4, 4	0, 5
δに置く	5, 0	2, 2

実験者が認識している，被験者が認識しているゲーム

実験者にとってのゲーム

被験者		
	αに置く	βに置く
実験者　γに置く	4, 4	0, 5
δに置く	5, 0	2, 2

被験者が認識しているゲーム

被験者にとってのゲーム

図 4‐6　**違背実験**（図3‐7の再掲）

4　ま　と　め

　本章では，意味構成の3水準を合理的な選択の結果として捉えることを試みてきた．そして，Esser と Goffman の議論を参照することで，ゲーム構造の形成という水準，間主観性の成立という水準，そして，ゲーム結果に対する予想の充足／違背という水準のそれぞれを，合理的選択の結果として論じられることが明らかとなった．まず，合理的なフレームの選択という視点を導入することで，ゲーム構造を意図的に形成するという局面を捉えられること，そして，フレームの偽造，すなわち，嘘をつくという場面においては，合理的な他者のゲーム構造の操作を通して，間主観性のありようも変容することが示唆された．また，ゲーム結果に対する予想の充足／違背という水準において，合理的な選

択を通して，充足／違背をコントロールすることによっても，間主観性の水準
に影響を与えられることを示した．

　次章以降では，この枠組みが経験的な分析に適用しうるものであることを示
していく．そこで注目するのが嘘・秘密と呼ばれる現象である．次章では，社
会学における嘘・秘密論を概観し，本書の視座との関係を明瞭にしていく．そ
して，次々章では人狼ゲームのある場面に着目し，嘘・秘密場面の分析を試み
る．

注
1 ）　Esser や Goffman の議論については，本書においてもすでに断片的に紹介している
　　（1 章，2 章）．とはいえ，すでに述べたところとは異なる視点から彼らの議論を参照す
　　ることになるため，一部重複する箇所はあるが，改めて論じていく．
2 ）　フレーム選択モデルについては久慈利武，高橋顕也や大林が紹介している（久慈
　　2012；高橋 2016；大林 2018）．フレーム選択モデルと本書との最も顕著な違いは，対
　　象とする行為者が単独か複数かといったことであるが，それに加えて，フレーム選択モ
　　デルが状況の定義の選択を，行為を説明する変数としたのに対し，状況の定義の選択そ
　　れ自体を説明する枠組みに展開しようとするところにも違いがある．
3 ）　Esser のフレーム概念の由来については断定できない．1996年の論文では後述する
　　Goffman の『フレーム分析』（の独訳）を参照しているものの，それがフレームという
　　用語の由来となっているとは言い切れない．また，認知心理学の二重過程理論に由来し
　　ているようにも見えるが，それもまた明言なされていないため確定できない．なお，管
　　見の限り，Esser がフレーム概念を初めて用いた論文は1990年のものである（Esser
　　1990）．しかし，その論文においても，概念の出典元は明示されていない．
4 ）　とはいえ，そのような連鎖の中で，常に状況の定義は更新されるわけではない．とい
　　うのも，相互行為を重ねる中で，あるフレーミングをすることが，次第に客観的にたし
　　からしいものとしてみなされていくからである．そのようにいう時，Esser は，P. L.
　　Berger と T. Luckmann の議論を参照しているが，本書の関心に照らしていえば，そ
　　れは織田が示唆したゲームの結果が事実的拘束性を持つという議論と関連しているよう
　　に思える（Berger & Luckmann 1966＝2003；Esser 1996：28；織田 1997）．
5 ）　フレーム選択モデルにも引き継がれる Esser 理論の主眼は，フレーミングを自動で
　　行うか否かの分岐について考えることにある．Esser はこれについても合理的な選択の
　　結果として捉えられるとしているが，それについては，本書 2 章でも論じたように，論
　　点先取といった批判が寄せられている（e. g. Etzrodt 2000）．フレーム選択モデルにお
　　いては，そのような難点は克服されているという（e. g. Kroneberg 2005＝2012, 2014）．
6 ）　Esser 自身による数理的定式化はいくつかのバリエーションがある（Esser 1993,

1996, 2001, 2002）．しかし，本章注5でも述べたように，それは問題含みなものであるとされていること，そして，その詳細な検討は本書の目的ではないため，ここでは省略する．

7）　ここで取り上げた片桐の議論は，Schutz の他に，T. Shibutani の議論を参照した上でなされている．

8）　ゲーム G_{IIF} が複数の結果を予測するものである場合が考えられるが，ここではそこまで踏み込まない．より精緻なモデル化を行っていく際には，たとえば，ゲーム G_{IIF} において均衡選択問題が生じていると捉え，その解となるただ1つの結果に伴う利得を考慮するなどが考えられる．なお，均衡選択については，筆者らが社会学的な数理モデルを提案している（小田中・吉川 2018）．それについては，本書1章および6章も参照．

9）　Garfinkel による小説「カラートラブル」の中で描かれている場面，すなわち，20世紀半ばのアメリカ南部における黒人と白人とのやりとりが想起される（Garfinkel [1940] 1998）．この小説については，本書6章および終章にて改めて触れる．

10）　宮台が述べるような権力が働いていると考えることができるかもしれない（宮台 1989）．

11）　その他にもいくつかの概念が用いられているが，ここでは取り上げない．『フレーム分析』全体については，高橋裕子が簡潔に紹介している（高橋 2002）．また，Goffman の状況の定義論については，木村雅史が詳しく論じている（木村 2010）．

12）　転調については，Vollmer がゲーム理論的に展開することを試みているが，そのやり方については，筆者らが批判している（Vollmer 2013；小田中・吉川 2018）．本書1章も参照．

13）　転調の様式については中河伸俊が批判的な検討を行っている（中河 2015）．

14）　転調されたフレームも，再び転調されることがある（「転調の転調」）．軍事演習のリハーサルや，遊びのつもりでやっていたゲームがいつのまにか競争や，真剣な喧嘩になるような場面を挙げることができる（Goffman [1974] 1986：79-80）．

15）　そもそも現実認識の多層性は同一説に立つことで扱うことができる現象であったが，Goffman は『フレーム分析』において同一説をとっているといえる．というのも，Schutz を引きながら，人々が，それぞれに異なるしかたで世界を意味付けていることを念頭においているからである（Goffman [1974] 1986：8）．たとえば，ゴルフ場における，プレイヤーとキャディやインストラクターとの相互行為は，前者にとっては遊びであるが，後者にとっては仕事である（Goffman [1974] 1986：8-9）．しかし，Goffman は，そのような場面は扱わず，同じフレームによって意味付けを行っている状況のみを扱うと宣言している（Goffman [1974] 1986：9）．したがって，偽造においても，相互行為は「偽造されたフレーム」によって意味付けられているとしている．しかし，その構造を分析するなかで，一度対象から外したはずの状態，つまり，双方が異なるしかたで状況の定義を行っている状態が持ち込まれていると考えられる．

16）　他方，転調は，行為者のあいだで，それがなされているという合意がなされている必要がある（Goffman [1974] 1986：45）．たとえば，サバイバルゲームに，それを真剣

な戦争だと認識している人が紛れ込んでしまっては一大事だろう.

17)　中河は, Goffman の議論を補うものとして, L. Wittgenstein の言語ゲームを提案しているが, 本書の議論は, それとは異なる展開可能性を示すものである (中河 2015).

18)　ここでは省略するが, プレイヤーの数についての認識が異なる場合も同様に考えることができる. たとえば, いわゆる美人局などがこのようなケースに該当するだろう.

19)　とはいえ, 都築のいう行為の理解の側面が関わって違背が生じる可能性はある (都築 2000, 2005). すなわち, 一方が予想したものと一致しているつもりで行為をしたとしても, 他方が異なる行為として解釈し, それゆえに異なる結果が生じたと認識される可能性がある. 逆に, その水準での食い違いゆえに, 客観的には予想とは異なる結果が生じているにもかかわらず, 予想通りの結果として解釈され違背が生じないこともありうるだろう.

20)　日常的な相互行為のほとんどは, 予想の違背が生じることなく行われているように思われる. このことはハイパーゲームを用いると, 両者が主観的合理化可能であると予測した結果と同様のものが得られているということができる. これは, ゲーム構造を構成する際に用いられる知識が社会的に獲得されたものであるからだと考えられる (Schutz [1953] 1962 = 1983). すなわち, 知識の獲得は教育や人とのやりとりを通して行われたものであるから, 同じ環境で育ってきた人々は, 概ね同じように意味付けられた世界を生きているといえるのである.

第5章
嘘と秘密の社会学再考
―― ゲーム理論的分析に向けて ――

は じ め に

　本章では，本書の理論に基づく経験的な研究を行うために，社会学における嘘・秘密の議論を整理し，前章までの議論との関連を述べる．その際，本書を貫く枠組みである，意味構成の3水準，すなわち，ゲーム構造の形成，間主観性の成立，ゲーム結果についての予想の違背というそれぞれの水準との関係が焦点となる．そして，本書の理論が経験的な研究に有用であることを示すための題材として，嘘・秘密といった現象が適切であることが示される．

　まず，嘘・秘密の議論に関する特徴を紹介し，そのような現象を扱う際に注意を向ける点を明確にしていく（1節）．そこでは，嘘・秘密が成立している際の状況の定義のありように着目すべきであることが示される．そして，そのような観点から，これまで扱われてきた現象を類型化することを試みる（2節）．その結果，社会学的に目を向けるべき現象は，嘘，秘密，擬制，公然の秘密という4類型に整理できることが明らかになる．最後に，嘘・秘密を論じることと，前章までの議論で提示した本書のモデルとの関連性を議論する（3節）．そこでは，前章までの議論によって構築された枠組みが，嘘や秘密といった現象を社会学的な観点から捉えられることが示唆される．

1　社会学における嘘と秘密

　嘘や秘密は社会学においてしばしば議論されてきたが，その中には両者を区別し，また，細分化しようとする志向を見出すことができる．たとえば，Simmelと磯部卓三はそれぞれ以下のように述べた上で，Simmelは秘密を，磯部

は嘘を主題として議論を進めていく（引用箇所における「…」は筆者による中略を示す）.

　　虚言は，…一方の他方についての知識の制限にかんしては，——ここでは
　　可能な手段のたんなるひとつにすぎず，それは積極的ないわば攻撃的な技
　　術であって，その目的は一般にたんなる秘密維持と隠蔽とによって達せら
　　れる．これから問題とするのは，この一般的かつ消極的な形式である．
　　（Simmel 1908＝1979：17）

　　嘘を，当事者が自らの意識するリアリティと表現との間に意図的につくり
　　だす一種のずれと考えておくことにしよう．たんにずれという点では，秘
　　密も同じである．いずれも，当事者が意図的につくりだすずれであるが，
　　秘密がたんに意識するリアリティの一部を他者に隠すのにたいして，嘘は
　　「別物」をもってかえるところに相違がある．（磯部 1988：74-5）

　これらの引用から，嘘と秘密は区別されるべき，類似した現象として扱われ
ていることが確認できる．Simmel においては，「一方の他方についての知識
の制限」という点では，虚言（嘘）と秘密は同様のものであるが，前者は「攻
撃的な技術」であり，後者は「消極的な形式」という異なるものとして扱われ
ている．同様に，磯部においても，嘘は「当事者が自らの意識するリアリティ
と表現との間に意図的につくりだす一種のずれ」という点では，両者は同様の
ものであるが，「秘密がたんに意識するリアリティの一部を他者に隠すのにた
いして，嘘は『別物』をもってかえるところに相違がある」として，両者を区
別することを試みている．
　また，正村俊之は，秘密の類型化を試みている（正村 1995）．その基準の1
つは，上述したような隠蔽を行う主体が，相互行為参加者の一方なのかそれと
も双方なのかといった点である[2]．参加者の双方が隠蔽を行うような場合は，た
とえば，舞台上の役者が何か失敗してしまったときに，役者自身も観客たちも，
それをなかったことにすることで，何事もなかったかのように劇が進行してい
くといった現象を挙げることができるだろう（cf. Goffman 1959＝1974；井上 1982）.
　このように嘘・秘密を扱った議論においては，両者は現象として区別すべき

であり，さらに現象を細分化して特定していくという志向を持っているといえ
る[3]．そして，要点は，次の2点である．第1に，Simmelや磯部の議論に見出
される，知識の制限や意識するリアリティと表現とのずれを作り出すことを積
極的に行うか，消極的に行うかという論点である．第2に，正村が指摘するよ
うに，そのような知識やリアリティに関する操作を一方だけが行うのか，それ
とも双方が行うのかという点である．

　そのような2つの軸は互いに補い合うものであるように思われる．まず，前
者の観点においては，先に引用したSimmelと磯部の論述から明らかなように，
知識の制限やずれを生じさせる主体は相互行為参加者の一方に限定されている．
それに対し，正村の議論は，そのような制限やずれが生じた状態を所与として，
それを引き起こした主体に注目することで，一方から他方への操作という限定
を越えて，双方が関わることがありうるものとして秘密を論じようとしている．
しかし，そうであるがゆえに，正村の図式を援用することによっては，嘘と秘
密を区別することが困難だといえるだろう．

　そこで，次節では，本書がこれまで注目してきた，状況の定義という観点か
ら，2つの軸を統合し，嘘・秘密と呼ばれる現象を類型化していく．その際，
まずは静的な類型を提示し，ついで，各類型間の移行関係に目を向けていく．

2　嘘と秘密の4類型とダイナミクス
──状況の定義に着目して──

(1)　嘘と秘密の4類型

　はじめに，状況の定義という概念の，嘘・秘密論における取り扱いについて
確認していこう．まず，Goffmanは，パフォーマンスを行うチームのオーディ
エンスに対する秘密を論じる際に状況の定義に次のように言及している．

　　どんなチームでも，そのチームのパフォーマンスがつくりだす状況の定義
　　を維持することをもって，あらゆる目標に優先する目標としている．……
　　すなわち，現にオーディエンスに対して定義が行われている状況に関する
　　破壊的情報を，オーディエンスに渡してはならないのである．いい換えれ

ば，チームは秘密を保持し，その秘密を漏らさないでおくことができなく
てはならないのである．（Goffman 1959＝1974：164）

　他方で，井上俊は嘘について論じる際に以下のように状況の定義に言及して
いる．ただし，ここでは井上が用いる「状況定義」という語を状況の定義と同
一のものと解している．

　　状況定義という観点からみれば，相互作用儀礼は状況定義の共有を維持し，
　　確認し，強化する儀礼とみなされうるから，結局のところ，状況定義の共
　　有の必要性，あるいは共有された状況定義の維持の必要性がこの種のうそ
　　現象を要請する．（井上 1982：32）

　　状況定義とうそ現象との関係という見地からみて，もう一つ見逃せないの
　　は，状況定義の操作という問題．（井上 1982：32）

　以上の引用を，ここでの関心に則して理解すれば，嘘・秘密を論じるという
文脈において，状況の定義概念を用いるならば，その操作や維持といったこと
が論点となっていることがわかる．そして，前節での議論を踏まえて敷衍する
ならば，次のようにいうことができる．まず，Simmel や磯部の視角を取り上
げれば，状況の定義を積極的に変更するような操作を行うことが嘘をつくこと
と，他方で，状況の定義を維持するような消極的な操作を行うことが秘密を守
ることとしてそれぞれ考えていくことができる．また，正村の整理を参照する
ならば，そのように状況の定義へ関わる主体が，相互行為参加者の一方なのか
双方なのかといった軸を設けることができるだろう．
　そのような観点から社会学が取り上げてきた嘘と秘密という現象を整理する
と，図5‐1のような4象限図式のもとで理解することができる．すなわち，
嘘と秘密は，嘘，秘密，擬制，公然の秘密という4つの異なる現象として扱う
ことができる．
　まず，秘密は，ある事柄について，他者による状況の定義と自らの状況の定
義が異なる時，そのことを隠蔽し，他者による状況の定義を維持することと考
えることができる．このような秘密を守るという現象に焦点を当てた議論とし
ては，Simmel の秘密論，Goffman における表局域・裏局域の議論，正村によ

図5-1 嘘・秘密の4類型

る議論を挙げることができるだろう[4] (Goffman 1959=1974；正村 1995)．

次に，状況の定義の維持を双方が協働して行うこと，つまり，公然の秘密をあげることができるだろう．これは，先にも述べたように，正村による秘密の類型の1つであり，Goffmanにおける，パフォーマーとオーディエンスの共謀関係を例として考えることができるだろう (Goffman 1959=1974；井上 1982)．

そして，上述した2つの現象が，状況の定義の維持に関わるものであるのに対して，嘘は，自らが真実だと認識しているものとは別のものに，他者の状況の定義を作り替えることである．このような現象については，Goffmanが複数の箇所で理論的な検討を行っており，また先に挙げた井上のレビューも参考になるだろう[5] (e.g. Goffman [1974] 1986)．

最後に，擬制，すなわち，双方が協働して，状況の定義の変更を行う現象を考えることができる[6]．つまり，それが真実でないと知りながら，双方がある事柄を「あたかも〜であるかのように」とり扱うことで，ふるまいの基準を改めているような状態である．このような現象としては，家族国家観や家族型企業，あるいは，イエ制度といった家族への擬制，すなわち，本当は家族ではない人たち同士が互いをあたかも家族であるかのようにとり扱うことが，日本論や日本人論を展開するなかで論じられている (e.g. 作田 1973；正村 1995)．

以下では，それらの諸現象間の遷移について考えを進めていく．というのも，B. G. Glaser と A. L. Strauss によって，そのような点に着目した議論がなされているからである (Glaser & Strauss 1965=1988)．

(2) 嘘と秘密のダイナミクス

　ここでは，上述した嘘・秘密の4類型のあいだにある移行関係について，Glaser と Strauss の議論を手がかりにしながら考えていく（Glaser & Strauss 1965＝1988）．彼らは，終末期ケアにおける余命認識，すなわち，医療スタッフや患者自身による死期についての認識のありようを研究する中で，「閉鎖認識」，「疑念認識」，「相互虚偽認識」，「オープン認識」という諸概念を用いて上述したよう嘘・秘密のありようの移り変わりに注目している．

　閉鎖認識は，スタッフが患者に余命についての情報を隠している状態である．スタッフたちは嘘の説明を行い，その事実を隠し通すよう努めることになる．しかし，その状態は不安定なものであるから，疑念認識，すなわち，患者が自分はまもなく死ぬのではないかと疑うような状態へと容易に移行しうる．そのような状態においては，患者は自らの病状についての情報を知ろうとし，他方でスタッフはそれを隠蔽しようとする．

　疑念認識は，閉鎖認識に戻ることもあるが相互虚偽認識やオープン認識にも移行しうるとされている．相互虚偽認識とは，スタッフと患者の双方が余命について知らないふりをする，すなわち，あたかも生き延びられるように双方がふるまうようになる状態である．そして，相互虚偽認識からも移行しうるとされている．オープン認識は，双方が病状について知っていて，かつ，それを前提としてふるまうような状態のことである．

　以上のような議論は，先に提示した4類型を踏まえると，閉鎖認識は嘘や秘密に，そして，相互虚偽認識は擬制や公然の秘密に対応しているといえる[7]．また，Glaser と Strauss の議論からは，4象限図式における横方向の移行関係があることが示唆されている．すなわち，状況の定義に積極的に関わる主体が一方から双方へと移り変わることが示されている．その知見に従うならば，医療スタッフと患者による相互行為において，はじめは閉鎖認識というしかたで，医療スタッフのみが状況の定義のコントロールを行うが，それは相互虚偽認識というしかたで，双方が真実ではない状況の定義をコントロールしようとする状態へと移行するからである．

　そして，上述したような，Glaser と Strauss から示唆される，横方向の移行に加えて，縦方向の移行の存在も論理的な検討から導かれるように思われる．

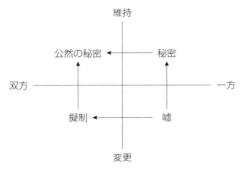

図 5-2　嘘・秘密の 4 類型間の移行関係

すなわち，状況の定義の変更を志向することから，その維持を志向することへの移行である．まず，嘘は秘密へと移行すると考えられる．というのも，自らが真実だとは思っていないものに状況の定義をつくりかえた人々は，今度はそのこと自体を隠蔽することを通して，その状況の定義を維持しなければならなくなるからである．たとえば，他者に対して本当は体調が良いにもかかわらず，体調が悪いと嘘をついた場合，相手による「この人は体調が悪い」という状況の定義を維持し続けなければならないだろう．同様にして，擬制から公然の秘密への移行も行われるといえるだろう．本当は家族ではないにもかかわらず，あたかも家族であるかのようにふるまいはじめると，今度は，「自分たちが本当の家族ではない」ということを協働して隠蔽していかなければならないのである．

以上のような移行関係は，図 5-2 のように表すことができるだろう．次節では，ここまでの議論を踏まえて，前章で提示した本書の枠組みとの関連について述べる．なお，以下では議論が拡散することを防ぐため，状況の定義に関わる主体が一方のみの場合，すなわち，嘘と秘密にのみ焦点を当てて議論を進めていく．

3　嘘と秘密のゲーム理論的分析可能性

本書の関心は意味構成の 3 水準，すなわち，ゲーム構造の形成の水準，間主

観性の水準，そして，ゲーム結果に対する予想の違背に関する水準というそれ
ぞれの水準と合理的な意思決定の関わりを明らかにすることにあった．そして，
3水準は合理的な意思決定の前提となっているだけではなく，ゲーム理論が描
くような合理的な選択の結果としても考えられることを示してきた．つまり，
前章で述べたフレーミング・ゲームのように，ゲーム構造の形成に主体的に関
わることがあること，そして，Garfinkel の違背実験や Goffman 的な気遣いの
中で，相手が抱いている結果に対する予想が違背するか否かについての主体的
な関わりの結果として考えることができた．また，それらに関する意思決定の
結果，間主観性の成立のしかたが変容するということも示すことができた．

　以上のような枠組みのもとで，嘘と秘密という現象を捉え直してみると，嘘
はゲーム構造の形成，秘密は結果への予想の違背の水準に関わる現象とみなす
ことができる．まず，嘘の定義における，他者の状況の定義を作り替えるとい
う操作は，他者への意図的なフレーミング，すなわち，他者が準拠すべき行為
選択肢集合などを意図的に形成することと考えられるだろう．そして，自他の
状況の定義が異なる時に他者の状況の定義を維持するという秘密の特徴は，他
者のゲーム結果についての予想に違背が生じないように行為の選択を行うとい
うことと対応しているといえるだろう．

　また，嘘や秘密は間主観性の水準とも関わるものである．まず，嘘や秘密に
おいては，その成立に際して，相互行為者たちの状況の定義が異なったもので
あることを前提としている．すなわち，嘘や秘密は，構成的期待や主観的共有
知識（ハイパーゲーム）といった意味世界の間主観性を支えるメカニズムが成立
していることを前提とした現象であるといえる[8] (Garfinkel 1963)．そして，前章
で紹介した Goffman の議論を踏まえるならば，嘘をついた際には，嘘をつい
た側の現実認識は多層的なものとなる (Goffman [1974] 1986)．つまり，「私」だ
けが知ることができる認識と，「あなた」が間主観的なものだと認識している
現実を区別したような意味世界が構成されるのである．たとえば，そのような
様子は違背実験がそうであったように，ハイパーゲームを用いて記述・分析す
ることが可能であろう．

　このように本書の枠組みと関連づけて嘘と秘密を捉え直すと，それらが常に
破綻が生じる可能性を孕んでいる不安定な状態にあることも明瞭になる．先に

見たように，嘘をついた後は秘密という他者の状況の定義を維持することを志向する状態へと移行する．本書の枠組みでは，そのような状態は，他者が抱くゲーム結果についての予想と合致する結果を生じさせるように意思決定を行うことである．そして，そのような結果を生じさせるためには，他者が想定する双方の行為の選択について適切な見込みを有している必要がある．したがって，もしそれについての誤った認識を抱いてしまっていたとしたら，望んだような帰結に辿りつくことが困難となってしまうのである．

　以上のように，嘘と秘密は本書が議論の対象としてきた意味構成の問題と密接な関わりを持った現象である．したがって，実際に生じている嘘や秘密といった現象を分析することを通して，本書の枠組みが日常的な相互行為を分析するために有用なモデルであるか否かを確認することができるだろう．

4　ま　と　め

　本章では，社会学における嘘・秘密に関する議論を整理した上で，本書の枠組みとの関係について論じてきた．そこでは，まず，嘘・秘密という文脈で論じられてきた現象には，嘘，秘密，擬制，公然の秘密という4類型があること，そして，類型間に移行関係があることを見出した．そして，その中で少なくとも嘘と秘密という現象については，本書の枠組みのもとで分析可能な現象であることが示された．そのことは，ゲーム構造の形成，間主観性，ゲーム結果に対する予想の違背という諸水準を合理的な選択の結果として論じるという本書のモデルが，嘘や秘密の分析を行うことを通して，日常的な相互行為の経験的な研究への有用さを示しうることを意味している．

　以上の議論を踏まえ，次章では，人狼ゲームの一場面を取り上げて，本書の理論枠組みのもとで，嘘と秘密について分析していく．ここで，人狼ゲームといういわば人工的な場面に注目するのは次の理由による．すなわち，（遊戯としてのゲームという場面と比べて相対的に）自然に生起する相互行為の中で嘘や秘密という現象は，観測が困難だからである（中河 2015）．

注

1）　とはいえ，すべての学説をここで詳細に検討することはできない．あくまで本書の議論に関わる範囲で学説を検討し，社会学的に嘘・秘密を論じる際の目の付け所を明らかにしていくことが本章の目的である．本章で取り上げない研究で興味深いものには，たとえば，Sacks によるものがある（Sacks 1974）．Sacks は会話の中で，あるエピソードが「ジョーク」であるか否かが判断される過程を分析している．

2）　正村は隠蔽が行われた動機にも着目している．たとえば，企業が新商品の情報を隠す場合のような目的志向な隠蔽なのか，あるいは，そうでありたい自己を呈示するために，それにそぐわないことを隠す場合のように，価値志向的なのかといった基準で分類がなされている．

3）　しかし，上述したように両者が非常に似通ったものとみなされている．このことは，同一の議論が嘘論としても秘密論としても取り上げられることからも見てとることができる．たとえば，Goffman のドラマトゥルギー論は，井上俊による嘘研究のレビューにおいては嘘論として，正村の秘密論においては秘密を扱った議論として取り上げられている（Goffman 1959＝1974；井上 1982；正村 1995）．

4）　Simmel や正村は，非対称性が生じることで自他の境界が設定されることを個人主義との関連で論じているし，片桐はプライバシーを論じる中で，Simmel の秘密論にたびたび言及している（片桐 1996）．また，集団単位で秘密が共有され，他集団とのあいだに状況の定義の非対称性が生じることで，その集団の排他性と凝集性が高まることも述べている．そして，Simmel や正村は，秘密の漏洩についても触れており，正村はそれを恥の意識とむすびつけ，恥論を展開している．

5）　嘘は，支配者が支配のためにつくるものとしてであるとか，逆に，全制的施設のような場所で支配を受けているものがそこから脱するためにつくるものといったように，支配と関係づけられながら言及されてきた側面がある（Simmel 1908＝1979；Weber 1924＝1970；Berger 1962＝2007；井上 1982；磯部 1982；荻野 2005）．

6）　Goffman における転調の議論と関連があるように思われる（Goffman［1974］1986）．転調の例として挙げられている「リハーサル」は，参加者たちが協働して，あたかも本番であるかのようにふるまうことによって成立しているように見える．しかし，転調という概念と擬制／公然の秘密という概念においては，次の違いがある．すなわち，前者は，「今ここで起きていること」をどのような真実として認識するかが問題となっているのに対して，後者は，真実とは異なるという前提を共有していることを含意している．

7）　疑念認識という段階が示唆することは，嘘や秘密といった状態が不安定なものであり，常に破綻する可能性に晒されているということである（オープン認識への移行）．Glaser と Strauss が，相互虚偽認識がオープン認識へ移行することを指摘していることを踏まえれば，擬制や公然の秘密についてもまた，決して安定した状態でないことを示しているといえるだろう．このような不安定さについては，次節で改めて述べる．

8）　Simmel や磯部はこの点を指摘している（e. g. Simmel 1908＝1979：17；磯部 1988：82）．そして，Simmel は，そのような状態における相互行為の成立を支えるものとし

て，「信頼」，すなわち，「十分に実際の行動の基礎となりうるほどに確実な将来の行動
の仮説」を挙げている（Simmel 1908＝1979：19-20）．そして，Simmel の信頼概念は，
ここでは，構成的期待と同様のものと考えられる（cf. 浜 1996b）．また，詐欺研究にお
いても，ここでいうような信頼の重要性が指摘されており，詐欺場面のハイパーゲーム
による定式化においては主観的共有知識と重ね合わせられている（Harrington 2012；
小田中 2017）．

第6章
人狼ゲームの分析
――嘘と秘密とゲーム理論――

は じ め に

　本章では，ここまでの理論的な考察を踏まえて，本書が提示する理論枠組みの，経験的な研究への応用可能性を示していく．4章までの議論において，それは，ゲーム構造の形成，間主観性の成立，ゲーム結果に対する予想の違背という意味構成の3水準を，合理的な選択の帰結として説明するものとして構築された．そして，前章において，嘘や秘密のある場面が，その有用性を検証する対象として適していることが示された．

　そこで，本章で分析するのは，人狼ゲームである．人狼ゲームは，嘘をつくことと嘘を見抜くことがゲームの勝敗を決する，プレイヤー間の会話が中心のゲームである．ここで，人狼ゲームという特殊な遊戯を取り上げるのは，嘘・秘密が日常の中で存在している場面を取り上げることが困難だからである（中河 2015）．そこで，社会学的な議論の手がかりとして取り上げられてきた，遊びとしてのゲームに注目する（DiCicco-Bloom & Gibson 2010）．そこでは，嘘と秘密を，いわば理想状態の中で捉えることが可能であろう．

　以下では，まず，人狼ゲームのルールとここで取り上げるプレイ全体の経過を概説する（1節）．人狼ゲームの細かなルールにはさまざまなバリエーションが存在しているが，ここでは撮影したプレイ内で用いられていたルールのみを取り上げる．ついで，特に注目して分析を行う場面の詳細な経過を記す（2節）．その上で，対象となる場面について，[1]本書の立場からプレイヤーたちの意味世界をモデル化し，それぞれのふるまいについて分析していく（3節）．そして，遊びとしてのゲームをデータとして取り上げることの可能性について考察する（4節）．

1　人狼ゲームのルールとデータの概要

(1)　人狼ゲームの基本的なルール

　人狼ゲームは，大きく分けて，人狼陣営と村陣営と呼ばれる 2 つの陣営にプレイヤーが分かれるところから始まる．さらに，後者にはプレイヤーの正体を知ることができる占い師，人狼の襲撃から村人を守ることができるボディーガードといった役職を担うプレイヤーと役職を持たないプレイヤーが存在している（2 つの役職の働き方については後述する）．

　今回分析をするデータにおいては，プレイヤー 8 人の内，人狼陣営は 2 人，村陣営は 6 人であった．各プレイヤーがどちらの陣営に属するか，そして，村陣営の場合はどの役職につくかということは，ゲームを始める際に，ゲームマスターと呼ばれる進行役が陣営・役職名の書いてあるカードを各人にランダムに配布することで決定された．その際，村陣営に属するプレイヤーは，他者がどの役職についたのかを知ることができず，自らが属する陣営・役職を知るのみである．他方で，人狼陣営は，誰が人狼であるかについて互いに把握している．

　ゲームにおける，各陣営の目的は次のようなものである．人狼陣営は村人に化けながら，正体を見破られることなく，村陣営を襲撃し，村を殲滅することが目的となる．他方，村陣営は，村陣営に化けた人狼を村から追放し，村を人狼から守ることが目的となる．そして，人狼陣営の数と村陣営の数が同数となった時に人狼陣営の勝利となり，逆に人狼をすべて追い出した時に村陣営の勝利となる．

　では，ゲームはどのように進行し，人狼による村人の襲撃や人狼と思しき人の追放はどのように行われるのだろうか（表 6-1 に簡潔にまとめている）．ゲーム内での時間の経過は，1 日目，2 日目といったように日を単位にして表現される．それぞれの日ごとに昼の時間と夜の時間という 2 つの時間に区分されている．そして，時間帯ごとに次のようなことがなされる．まず，昼の時間はプレイヤー間で自由に議論をしながら，誰が人狼であるかを推理しあう．議論の時間は，参加するプレイヤーの人数を考慮して，ゲームマスターが決定する．た

第6章 人狼ゲームの分析　123

表6-1　人狼ゲームにおけるプレイの流れ

準　備	ゲームマスターによる役職カードの配布 →各役職の決定 ※人狼陣営は相互に把握，それ以外は各人のみが把握
1日目昼	議論・投票により追放者を決定 →追放者は退場
1日目夜	各役職者が順に自身の役割を遂行 i. e. 人狼が襲撃先，ボディーガードが防衛先，占い師が占い先をそれぞれ指名
2日目昼	人狼に指名された人は退場 ※ボディーガードが同一人物を指名した場合は退場なし →議論・投票により追放者を決定 →追放者は退場

とえば，本章で分析するプレイにおいては，1日目は5分，2日目は3分などであった．最後に，議論が終了した後，各プレイヤーが人狼と考えるプレイヤーに対して投票を行う（投票の順番は自由である）．その際，多くの人が投票先を決定した根拠を全員に向けて説明する．全員の投票が終わったのち，最も票を集めたプレイヤーが村から追放されることになる．もし，投票結果が同数のプレイヤーが複数存在した場合，そのプレイヤーを対象にした決選投票が行われる．決選投票では，投票先となってしまったプレイヤーには投票の前に弁明する機会が設けられている．

　夜の時間は，追放されたプレイヤーが「遺言」を残してゲームから退場したのちに訪れる．夜の時間は全員が目を閉じ，他のプレイヤーの動きがわからないようになった状態で始まる．そして，人狼，占い師，ボディーガードの各人が，ゲームマスターに指名されたときには目を開けて，次のように自らの役割を遂行していく．なお，以下のやりとりはすべて声を出さずジェスチャーのみで行われ，各役職者がすでに退場している場合にも，ゲームマスターは役職者が存在しており指名先を選択しているようにふるまう．

　まず，人狼は陣営内で相談をした上で襲撃する村人を決定しゲームマスターに告げる．ついで，ボディーガードは人狼の襲撃から守る村人を決定しゲームマスターに告げる．最後に占い師は，占いたい，すなわち，正体を知りたいプレイヤーを決定しゲームマスターに告げ，ゲームマスターはそのプレイヤーが

村陣営と人狼陣営のどちらに属しているのかを占い師に告げる.

　以上のやりとりがなされ，夜が明けたことをゲームマスターが告げ，２日目の昼のターンが始まる．その始まりは，人狼から襲撃された村人の遺体が発見されたかどうかをゲームマスターが告げるところから始まる．もし，人狼の襲撃先をボディーガードも指名していた場合，死体は発見されないが，ボディーガードがそれ以外のプレイヤーを指名していた場合（あるいは，ボディーガードがすでに退場している場合），そのプレイヤーが襲撃されたことをゲームマスターが告げ，そのプレイヤーは退場することとなる．そして，上述したように推理がなされはじめる．これをゲームが終了するまで繰り返していく.

(2)　データの概要

　データの撮影は，2018年１月に都内で行われた人狼愛好家が主催する会において，学術目的への使用について，参加した方々の同意を得た上で行った．今回分析を行うデータはこの日の集まりで１回目にプレイされたものである．プレイヤーは20代から30代のＡさんからＨさんまでの男女８名である．プレイヤーたちは図６‐１のように円になって座り，上述した要領で各プレイヤーの役職が決定された．その結果，人狼はＡさんとＧさん，ボディーガードはＣさん，占い師はＤさんであった．なお，初心者のＧさんを除く７人はいずれも人狼ゲームをよくプレイしており，Ｇさんに対してはゲームマスターや近くの席のプレイヤーが適宜ルールや状況を説明していた.

　このプレイ全体の経過の概要は，図６‐１に示した通りである．まず，１日目の昼では議論と投票の末Ｆさんが追放される．なお，Ｆさんの追放に至るまで，ＦさんとＣさんの２人を対象にした決選投票が行われている．１日目の夜で，人狼はＥさんを襲撃するも，ボディーガードであるＣさんもＥさんを指名したことで，翌日である２日目の被襲撃による退場者はなしとなる．また，占い師であるＤさんはＨさんを占い，Ｈさんが村人陣営であることを把握している．２日目の昼では，議論と投票の末，Ｄさんが追放される．なお，Ｄさんの追放は，ＤさんとＡさんを対象にした決選投票の結果によるものである．２日目の夜は，人狼はＥさんを襲撃し，ボディーガードはＡさんを防衛する．３日目の昼では，まず，襲撃されたＥさんが退場する．ついで，議

論・投票の結果，Aさんが追放となる．3日目の夜では，人狼はCさんを襲撃し，ボディーガードはHさんを防衛する．そのため，4日目の昼では，襲撃されたCさんが退場した後，議論・投票の結果，Bさんが追放となる．それによって，人狼と村人陣営の人数が同数となり，人狼側の勝利となった．

以上のようなプレイの中で，本章では，2日目昼における議論・投票の様子に焦点を当てて分析を行っていく．この場面は，人狼であるAさんと占い師であるDさんが嘘をつきあっているがゆえに，嘘・秘密の分析にとりわけ適していると考えられるからである．次節では，このターンの出来事について，詳細に記していく．

図6-1　人狼ゲームの初期配置とプレイ経過

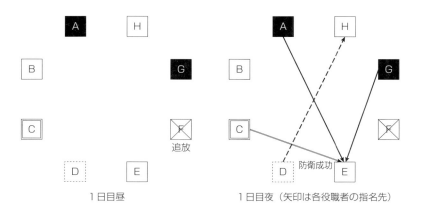

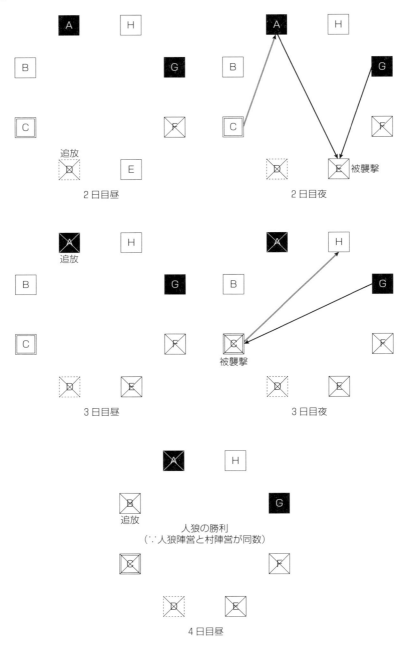

2　対象となる場面の詳細な経過

　上述したように，2日目の昼では議論・投票の結果，人狼であるAさんと占い師であるDさんを対象にした決選投票が行われ，それによってDさんが追放されることが決定した．では，そのような結果に至る経緯はどのようなものであったのだろうか．投票までの大まかな流れは**表6-2**の通りである．

　まず，昼のターンが始まってまもなく，占い師であるプレイヤーは名乗り出て，昨晩の占い先を発表することを求められることとなった（EさんとHさんの発言による）．それを受けて，自身が占い師であるとアピールしたいプレイヤーは挙手をすることとなり，その結果，AさんとDさんの2人が，自らが占い師であると主張した．そして，昨晩の占い先として，両者はともにCさんを挙げ，占いの結果は村陣営のプレイヤーであったとした．Cさんを占った理由についても，ともに「前日で決選投票まで残っていたから最も情報が落ちると思った」といった旨の発言を行い（前日はCさんとFさんの決選投票となり，その結果Fさんが追放された），その理由は他のプレイヤーたちに受け入れられている[2]．ここで見落としてはいけないことは，人狼であるAさんはもちろん，真の占い師であるDさんもCさんを占ったと嘘をついていることである（Dさんは実

表6-2　2日目昼のターンにおける投票までの流れ（上から発言順）

発言者	内　容
Eさん（村人）・Hさん（村人）	占い師の人は名乗り出て欲しい
Aさん（人狼）・Dさん（占い師）	占い師として名乗り出る（「せーの」で同時に挙手）
Eさん・Hさんなど	占い先も教えて欲しい
Aさん（人狼）・Dさん（占い師）	Cさんを占って，Cさんは村人だった（「せーの」で同時に指差し） 理由は前日に決選投票で残っていたから
Aさん（人狼）	占い先や理由が被ってしまっているから手がかりがない
Dさん（占い師）	実は本当に占ったのはHさんで村人だった 怪しい人物のCさんを嘘で指名し反応を見ることで多くの情報を落とせると思った
Aさん（人狼）など	怪しむ

際には H さんを占っている）．

　このような経過の中で，議論は A さんと D さんのどちらが人狼であるのかを推理する方向に進んでいく．というのも，占い師候補者のどちらかは人狼である可能性が高いため，全員を対象にして 7 分の 1 あるいは 7 分の 2 の確率で人狼を探すよりも，占い候補者に絞り 2 分の 1 の確率の中で探す方が効率的だからである（E さんの発言より）．

　しかし，議論は平行線を辿ることになる．なぜなら，占い師／人狼候補者である A さんと D さんはともに同じ人物を指名しており，また，その理由についても同様の説明を行っているため，両者のあいだに差を見いだすことができないからである．

　その均衡を破ったのが，D さんによる，「C さんを占ったというのは実はフェイクで，本当は H さんを占っており村陣営だった」という発言である．それに対し，A さんはすかさず「信じられます？」と疑問を投げかけ，D さんは「人狼だったらこんなややこしいことはしない．怪しいと思われている C さんをフェイクで指名し，その時の反応を見ることで情報が落とせると思った」といった弁明を行っている．しかし，他のプレイヤーから「ほっとくと死ぬよ」（E さん）などと言われていたように，結果として人狼であることが強く疑われることとなった．

　そのような状況の中で，議論の時間（3 分）が終了し，追放者を決定する投票が行われることとなった．投票の際の各プレイヤーの投票先と，投票の際の理由・推理は表 6 - 3 の通りである．結果として，A さんと D さんそれぞれに 3 票が集まり，2 人の決選投票となった．ここで議論の対象が 2 人に絞られていたにもかかわらず，2 人への合計投票数がプレイヤー数の 7 票とならないのは，最後に投票した H さんが「A さんの話ももう少し聞きたい」という理由で決選投票へ持ち込むために自らの票を追放者の決定に無関係な B さんに投票したからである．

　決選投票は対象者以外のプレイヤーが投票権を持ち，投票先を決定する前に，対象者の 2 人による主張が行われることとなっている．そこでの A さんと D さんの発言はそれぞれ以下のようなものであった．A さんは「先の投票で疑いの目を向けられた B さんは人狼ではないのではないか（表 6 - 3 の D さんや E

表6-3　2日目昼の投票先等一覧（上から投票順）

投票者	投票先	理由・推理の概要（抜粋）
Aさん	Dさん	発言なし
Bさん	Dさん	発言なし
Dさん	Aさん	Aさんの投票後即座に無言で投票したBさんは人狼なのではないか． Cさんを占ったと嘘をついたのは情報を落とすためで，人狼だったらこんな怪しいことはしない．
Gさん	Aさん	自分が追放者決定の引き金となりたくない．
Cさん	Dさん	Dさんの言動は納得できたが，議論を混乱させたから． Eさんは前日のふるまいから村陣営だと思う．
Eさん	Aさん	Bさんはこの投票でのふるまいが怪しい． Aさんは初めから人狼だと疑っていたから，ここはDさんを信じる．
Hさん	Bさん	Aさんの話をもう少し聞きたいから，決選投票にする． Cさんはこのターンのふるまいから村陣営だと思う．

さんの発言を参照）．また，Dさんが前日に自分への疑いの目を逸らすために仲間の人狼を疑っていたと考えられるので，Dさんは前日に誰を疑っていたかを教えてほしい」といったことを述べた．それに対し，Dさんは「最初に人狼だと思ったのは，AさんとFさん．先の投票で疑いをかけたBさんは，もし人狼だったらもっと考えてから投票しそうだから，よく考えたら人狼ではないと思う．個人的には先日追放されたFさんは人狼だったと思う．また，Gさんも人狼ではないかと思う」といった旨の発言を行った．

　そのような2人の主張を受けて，決選投票が行われ，その結果全員がDさんに投票することとなり，Dさんの追放が決定した．そのような結果になったことについて，EさんとHさんは，プレイ終了後の振り返りにおいて，投票先をDさんに変えた明確な理由があると述べている．すなわち，決選投票前のDさんの発言では本来は2人であるはずにもかかわらず，Aさん，Fさん，Gさんの3人が人狼として存在していることになってしまっていたことに問題であったとされている．

　以上のように，2日目昼の経過においては，占い師として名乗りを上げた2人のふるまいが議論の中心になっていたということができる．では，ここで取り上げた場面において，意味構成の3水準はどのようになっていたのだろうか．

130

次節ではその点を分析していく.

3　人狼ゲームのゲーム理論的分析

(1)　人狼ゲームの特性とゲーム理論の関係

　ここでは先に見た場面の分析を行うにあたって，まず，人狼ゲームの特性と
ゲーム理論的な枠組みの関係について考察していく. 前章までの議論で見たよ
うに，嘘・秘密を論じる際には行為選択肢集合について，次のように考えるこ
とが重要となる. まず，各人が抱く行為選択肢集合の間主観性のありようへの
視角である. すなわち，互いが自らの抱く行為選択肢集合を他者と同一のもの
であると思う必要はなく，嘘・秘密の担い手はよりゆるい仮定を置くことで
ゲームをプレイすることができる. そして，嘘・秘密の対象となっている側が
抱いている，行為選択肢集合への間主観的な同一性は，その中には含まれない
行為や，その中で予測されるものとは異なる結果が生じた際に脅かされるもの
である. そのことによって，嘘・秘密は看破されてしまう. そのため，嘘・秘
密の担い手はそれを防ぐために，自身のふるまいが他者の抱いている行為選択
肢集合において予想されるものと一致するように努めることとなる.

　したがって，人狼ゲームにおける嘘・秘密を分析するにあたっても，村陣営
であるプレイヤーたちが行為選択肢集合を構成するしかたや，生じうる結果の
評価を決定する基準について見ていく必要があるだろう. というのも，それら
の構成方法や基準に沿うように人狼はプレイすることが求められているからで
ある. 以下では，そのような観点から，プレイヤーたちのふるまい方について
整理していく.

　まず，人狼ゲームにおけるプレイヤーのふるまいの原則を確認しておこう.
すべてのプレイヤーは，第1に自らの所属陣営の勝利のためにふるまっている.
そのために必要なことは，村陣営としてふるまうことである. というのも，人
狼陣営と村陣営ともに，昼の議論・投票の際に人狼であると疑いをかけられて
しまったら，追放されてしまうからである.

　そして，村陣営としてふるまうための手段は，村の利益になることをするこ
とである. たとえば，1日目昼の議論・投票の際に，Cさんは「Aさんのこと

を疑っていたが，村のためになることをしていたから村陣営だと思う」といった旨の発言をしている．村のためになる手段の1つは，自分自身や他のプレイヤーについての正しい情報を提供することである．というのも，そのようなふるまいによって，人狼の早期発見・追放を促すことになるからである．ここで，情報と呼ぶものは，議論・投票の際に行われる推理の手がかりとなるようなものである．それには，自身の行った推理について述べることや，他者のふるまいについての指摘，自らの役職についての事実，占いやボディーガードの指名先などが挙げられる．

　それゆえ，プレイヤーたちは村陣営であることをアピールするために積極的に発言をすることが求められる．つまり，発言をすればするほど，疑いをかけられにくくなるのである．逆にいえば，発言をしないプレイヤーは疑いをかけられやすくなる．たとえば，1日目昼のターンで追放されたFさんは，決選投票前の発言の機会において「人見知りだから最初は黙ってしまうため疑われがちになってしまう」といった発言を行っている．

　それと関連して，プレイヤーたちのあいだでの発言を活発にする機会を設けるようなふるまいも，村の利益になることとして捉えられている．その1つの方法は，誰かを疑うことや，誰かへ疑いを向ける機会を提案することである．というのも，誰かを疑うことを表明する際には自ずとその理由が伴うし，逆に疑われたプレイヤーは自分が人狼でないことを主張することになり，複数のプレイヤーのあいだで意見交換が行われることになるからである．たとえば，1日目昼のCさんによる，「村のためになることをしたAさんは村陣営だと思う」といった発言における，「村のためになること」は，プレイヤー全員で仮投票を行い，各人が投票理由や弁明を行うことを促すようなものであった．ゲームの性質上，1日目昼の議論では推理の手がかりとなる情報がほとんどない．それゆえ，各人に発言を促し，情報提供を行わせるような提案は村の利益になるのである．

　情報提供を行うこと，あるいは，それを促す機会を提案することに加えて，論理的に一貫した発言をすることも村陣営であるためには求められる．このことは議論・投票の様子から見てとることができる．たとえば，先に詳しく見た2日目昼のターンにおいて，最終的にDさんが追放されることになった際の

根拠は，Dさんの発言内に，人狼が3人いることになってしまうという矛盾があったからであった．また，3日目昼のターンでのAさんのふるまいに対するコメントについても論理性が問われているように見える．人狼であるものの2日目に占い師であると騙ったAさんは，3日目昼に，2日目夜の占い先とその結果（についての嘘）を他のプレイヤーに伝えることを求められる．その際，Aさんは「前日までの議論で村人である可能性が高いとされていたHさんを占い，その結果，村陣営であることが確実となった」と答えた．それに対し，Cさんは「確実に明日を迎える手段はAさんを追放すること（なぜならば，前日の占い師候補どちらかが人狼であるならばその2人を追放すれば確実に人狼を1人追放できるから：筆者による補足）．Aさんの占い先は腑に落ちない．村陣営の可能性が高いHさんよりも，特に情報がないBさんやGさんを占うはずなのではないか」といったコメントを行った．3日目昼の投票結果で，人狼陣営（AさんとGさん）以外のすべての票をAさんが集めたのは，そのような発言が説得力を持っていたからだろう．

　以上のように，人狼ゲームにおいて，各プレイヤーは自分の生存のために，村のためになることを行うことが求められていると考えられる．そこでは，発言を積極的に行い推理のための情報を提供すること，あるいは，プレイヤーたちの情報交換を活性化するように促すこと，そして，その発言の論理一貫性がプレイヤーの正体を見極める基準になっているといえる．

　そして，それらの特徴は次のようにゲーム理論的な考察へと接続される．まず，情報提供に関してはゲームの形成に関わっている．前章までの議論によれば，人々は利用可能な知識を用いてゲームを形成している．そのための知識を各自が増やすことで，たとえば，誰を疑いの対象にするかといった行為選択肢集合や，投票の際に誰を指名するかといった行為の選択の順序を形成していくと考えられる．

　また，論理一貫性については，ゲーム理論的な観点からみれば，ゲーム後の結果の安定性という点で，2つの位相が存在していると考えられる．第1に，Dさんが人狼候補として3人の名前を挙げた時のように，他の人が抱いている行為選択肢集合には属さない行為が示されたときに他のプレイヤーが感じる矛盾である．第2に，Aさんが（嘘の）占い先について疑われた時のように，

占い先としてもっとふさわしい人がいるのではないかという，選好に関わる問題である．そこで問題となったのは，Ｃさんをはじめ，他のプレイヤーにとっては，村のためになることをするというより上位の目的に照らし合わせたときに，Ａさんが占ったとしているＨさんよりも他に占いの対象となるはずの人がいた，すなわち，Ｈさんを占うという行為よりも好まれる行為があるはずだということである．このことは，前者の場合には，行為選択肢集合の水準での離齬が，後者の場合には効用関数の水準で離齬が生じていることを意味しており，そのことが疑わしさを誘発することになるのである．

　以下では，そのような点に注目しながら人狼ゲーム内における相互行為のあり方をゲーム理論的に分析していく．

⑵　人狼ゲームにおけるある場面のゲーム理論的分析

　ここでは２日目昼のターンにおける，人々の意味世界のありようをゲーム理論的に分析していく．注目するのは，このターンにおいて，ＡさんとＤさんが占い師として名乗り出たこと，そして，占い先としてＣさんの名前を挙げた場面である．はじめに，占い師候補としてＡさんとＤさんが名乗り出た経緯について見ていこう．ここでの疑問は，なぜ人狼であるＡさんが占い師を騙ることになったのか，ということである．ここでＡさん含む人狼陣営と，真の占い師であるＤさんとのあいだで次のようなゲームが行われていたと考えられる．以下では，人狼陣営のプレイヤーをＡさんに限定し，議論を進めていく．なぜなら，もう１人の人狼であるＧさんは初心者であるため状況の把握が困難であったと考えられるからだ[3]．また，村陣営が嘘をつくことも望ましくないとされていたため，他の村陣営も除外する．

　まず，真の占い師であるＤさんは占い師であると名乗るか否かについて選択を求められていると考えられる．ここで，呼びかけに応じて即座に応答するのではなく，一考の余地があったとするのは，もし占い師であることが公になると，その日の夜のターンにおいて人狼に襲撃されてしまうからである[4]．というのも，占い師は，その占いの結果次第では，誰が人狼であるかを特定することができるため，村陣営に大きな利益をもたらす存在だからである．

　他方，人狼であるＡさんにとっても占い師を名乗るか否かは戦略的な判断

		Dさん	
		名乗り出る	名乗り出ない
Aさん	名乗り出る	P	Q
	名乗り出ない	R	S

図6-2　占い師として立候補するゲーム

を求められるものであると考えられる．もし，真の占い師しか名乗り出ず，その占い師の前夜の占い先が人狼陣営のいずれかであった場合，この昼のターンでいずれかの人狼が追放されてしまう可能性が高くなるからである．しかし，占い師として名乗り出て，もし占い師とみなされなかった場合には，人狼である可能性が高いとして追放されてしまう危険性があるだろう．

　そして，そのようにして形成された，名乗り出るか否かをめぐるゲームは，次のような囚人のジレンマと同様の構造を持つものと考えられる．

　図6-2のように2人のあいだで行われるゲームは，それぞれが「名乗り出る」と「名乗り出ない」を選択肢として持つ，2×2のゲームだと考えることができる．では，P，Q，R，Sという生じる4つの結果のそれぞれに対する選好はどうなっているだろうか．まず，Aさんにとっては，$Q>S>P>R$となっていると考えられる．ここで，双方が名乗り出ないSよりも，Aさんだけが名乗り出るQの選好が高いのは，それによって自分が占い師として今後の進行をコントロールすることができる可能性があるからである．また，自らだけが名乗り出ないRや，双方が名乗り出るPについては，前者は逆に主導権を握られてしまう可能性があるし，後者はどちらが真の占い師かが議論となることで追放の対象となる可能性が高まるから，双方が何もしない状態Sよりも選好は低くなるといえるだろう．そして，RとPのあいだでは，確実に主導権を握られてしまうRよりも，占い師として認められる可能性のあるPの方が選好されると考えられる．

　ついで，Dさんにとっての選好は，$R>S>P>Q$であると考えられる．RとS，PとQの関係については，Aさんの場合と同様であるが，SとPとの関係については次のように考えられる．もし，名乗り出た場合，それは上述したように次の夜のターンでの自らの生存が危ぶまれることを意味しているから，

双方が名乗り出ることはいずれの場合も次ターンまでに退場となることが予想される．そのため，確実に占い師として役目を果たすことができる R ならともかく，議論で負ける可能性もある P は実質何もせずにやり過ごす S よりも好まれないだろう．なぜなら，もし S であれば次のターンにもう一度占いの結果を報告し村に貢献できる可能性があるからである．

したがって，このゲームは囚人のジレンマと同様の構造を示しているといえる．すなわち，両者は，できれば呼びかけに応じることなくやり過ごしたいと考えているものの，双方が出し抜く／出し抜かれることがあるため，お互いにあまり好ましくはない「名乗り出る」を選択してしまい，占い師候補が2人いる状態が生じたと考えられる[5]．つまり，そのようなゲームが行われることにより，他のプレイヤーにとって，A さんと D さんは，どの役職にあるのかが確定されていないプレイヤーではなく，占い師候補者として類型化されるに至ったと考えることができる[6]．

そして，この後に，2人のうちのどちらが真の占い師として認められるかを争うゲームがなされることになる．そこでは，2人の候補者が1日目夜のターンに占った先が争点となる．ここで，この人狼ゲームの経過を振り返るならば，1日目夜においては，真の占い師である D さんが H さんを占い，H さんが村陣営であることを確認している．しかし，ここでの占い先の宣言は，その事実とは異なるものが告げられることになる．

結論を先取りしていえば，この場面では，A さんと D さんのあいだで，図 6-3 のようなハイパーゲームが生じていたと考えることができる．まず，A さんの認識しているゲームから見ていこう．そのゲームにおいて，プレイヤーは，人狼である A さんと占い師である D さんであり，互いの役職についての共有知識の成立を想定していると考えられる．なぜなら，真の占い師である D さんは，占い師候補として自身の対抗馬となるプレイヤーは人狼しかいないと知っていると考えられ，また，A さんも対抗馬は真の占い師である D さんしかいないと考えていると思われるからである[7]．

このゲームでは，占い先を公表することを求められているため，いずれのプレイヤーも次の行為選択肢を抱いていると考えられる．すなわち，A さんと D さん，そして，前日に追放された F さんを除く，あるプレイヤーを指名し

136

人狼A		占い師D		
		Hさんを指名したことを隠しCさんを指名したと言う	Hさんを指名したと言う	その他
	Cさんを指名したと言う	3, 3	4, 2	4, 1
	その他	*, *	*, *	*, *

Aさんが認識しているゲーム

人狼A		占い師D	
		Cさんを指名したと言う	その他
	Cさんを指名したと言う	3, 3	4, 1
	その他	1, 4	2, 2

Dさんが認識しているAさんが認識しているゲーム

<u>Dさんにとっての占い先をめぐるゲーム</u>

人狼A		占い師D	
		Cさんを指名したと言う	その他
	Cさんを指名したと言う	3, 3	4, 1
	その他	1, 4	2, 2

Aさんが認識しているゲーム

<u>Aさんにとっての占い先をめぐるゲーム</u>

図6-3　占い先をめぐるゲーム

たと言うことである．ただし，**図6-3**では，議論が煩雑になることを避けるため，実際に選択された「Cさんを指名したと言う」と「その他」という2つの選択肢を持つと単純化している．

　また，Aさんにとっての利得は，ここでAさんは自身が人狼であることを隠し，占い師として村にとって有益な情報を得ることができる選択をしたと主張するという観点から決定されると考えられる．というのも，先述した議論を踏まえれば，人狼ゲームにおける原則は，自身の生存を目指すことと村のためになることをすること，すなわち，情報を落とすことであったからである．

　そして，この場面において，占いをして最も情報を落とすことができるプレイヤーはCさんであると考えられる．すでに発言を引用したように，前日の決選投票の対象者となっていたCさんはこの時点で最も人狼である可能性が高い人物だとプレイヤー達のあいだで考えられている．

第 6 章　人狼ゲームの分析　*137*

　それゆえ，占い師のふりをし続けたい A さんにとって，「C さんを指名した
と言う」を選択することは支配戦略となっている．すなわち，その選択を行っ
たことによって生じる結果の利得は，そうでない場合に比べて，D さんがど
ちらを選択したとしても高いことになる．

　また，双方の指名先が不一致の場合の利得の大小関係は次のように考えられ
る．まず，（C さんを指名したと言う，その他）という結果について考えよう．
占い先としてもっともらしいと考えられている C さんではない人を指名した
場合には，他のプレイヤーから疑いの目を向けられ，強い説明責任が生じる可
能性がある．逆にいえば，自身は C さんを指名したと宣言し，相手がその他
のプレイヤーの名前を挙げた場合には，有利な立場につくことができると考え
られる．

　よって，（C さんを指名したと言う，その他）は（C さんを指名したと言う，
C さんを指名したと言う）よりも選好されるが，（その他，C さんを指名した
と言う）は（その他，その他）よりも低い利得を割り当てられることになるだ
ろう．

　したがって，**図 6-3** の利得表のように A さんの認識を描くことができるだ
ろう．ただし，このゲームにおける，真の占い師である D さんの利得も同様
の仕方で決定されているとする．そして，そこで予想される結果は，（C さん
を指名したと言う，C さんを指名したと言う）となるだろう．

　次に D さんの認識するゲームを見ていこう．そのゲームは，多層的な現実
認識を持つものとなっている．まず，D さんの認識する，A さんの認識して
いるゲームは，上述した A さんのゲームと同様のものであると考えられるだ
ろう．というのも，D さんは A さんが人狼であることを知っているため，人
狼である A さんの認識のしかたを想定できると考えられるからである．

　では，D さん自身の認識はどうなっているだろうか．プレイが進行した後
に明らかになるように，D さんはここで他のプレイヤーが想定していないこ
とを目論んでいた．すなわち，本当に指名した H さんではなく C さんの名前
を挙げることでより多くの情報が得られる可能性があると考えていたのである．
ここで，そのようなふるまいが他のプレイヤーにとって想定外のものとなるの
は，先にも述べたように，村陣営のプレイヤーが真実と異なる発言をすること

は避けるべきこととされているからである.

　したがって，Ｄさんが抱く行為選択肢は，「Ｈさんを指名したことを隠しＣさんを指名したと言う」，「Ｈさんを指名したと言う」，「その他」と考えることができる．そして，各結果に対する利得の大小関係は次のようになる．ただし，主観的合理化可能性の原理に従うと，「Ｄさんが認識しているＡさんが認識しているゲーム」において，Ａさんは「Ｃさんを指名したと言う」を選択すると考えられることから，それに対応する３つの結果についてのみ考えていく（それゆえ，Ａさんが「その他」を選択することによって生じる結果に対する利得は＊と略記している）．そして，（Ｃさんを指名したと言う，Ｈさんを指名したことを隠しＣさんを指名したと言う）はＡさんが認識しているとされるゲームにおける（Ｃさんを指名したと言う，Ｃさんを指名したと言う）という結果に対応していると考えられるため，それと同様に，それぞれ３という利得が割り当てられる[8].

　また，（Ｃさんを指名したと言う，Ｈさんを指名したと言う）と（Ｃさんを指名したと言う，その他）は，いずれもＡさんが認識していると想定しているゲームにおいては，（Ｃさんを指名したと言う，その他）という結果と同一のものだと考えられる．したがって，そこでのＡさんの利得は４となるだろう．他方で，Ｄさんにとっては，いずれも「Ｈさんを指名したことを隠しＣさんを指名したと言う」よりも利得は低いと考えられるものの，真実であるＨさんの名前を挙げることで生じる結果の方が，その他の人物に言及するよりも選好されると考えられる．なぜなら，双方の指名先の不一致の末，疑いの目を向けられたとしても，それが真実であるがゆえに，自信を持って主張を展開できると思われるからである.

　以上のようなゲーム構造ゆえに，Ｄさんの選択は，「Ｈさんを指名したことを隠しＣさんを指名したと言う」となったと考えられる．そして，この場面全体の客観的な結果は，（Ｃさんを指名したと言う，Ｈさんを指名したことを隠しＣさんを指名したと言う）となる．そして，そのような結果は，Ａさんや，このゲームをＡさんと同様のしかたで認識し，それを観察していたと思われる他のプレイヤーには，（Ｃさんを指名したと言う，Ｃさんを指名したと言う）という結果として理解されたと考えられるだろう（ただし，他のプレイ

ヤーは，AさんとDさんのどちらが人狼で，どちらが占い師であるかは把握できていないため，このゲームのプレイヤーはいずれも占い師候補として認識していると考えられる）．

以上のように，この場面でなされたことはハイパーゲームとして数理的に表現することができる．では，このようなゲームは意味構成の3水準とどのような関係にあるのだろうか．次節では，その点について考察していく．

4　人狼ゲームの分析から見えてくるもの

(1)　意味構成の3水準と分析結果

ここでは，上述した分析結果を解釈するにあたって，前章までの本書の議論を振り返ることからはじめよう．本書の大きな枠組みは，相互行為における意味構成の3水準，すなわち，ゲーム構造の形成，間主観性の成立，そして，ゲーム結果に対する予想の違背という諸水準について，ゲーム理論的な目的合理的な意思決定の観点から説明することにあった．

そして，嘘や秘密，すなわち，他者の状況の定義を一方的に作り変えること，あるいは，（自らとは異なる）他者による状況の定義を維持することを志向するふるまいを通して，それらの水準と合理的な選択との連関が明確に把握できる可能性が示唆されていた．まず，嘘をついた際には，合理的な選択の結果，他者の状況の定義，すなわち，ゲーム構造を主体的に形成することになる．また，秘密を守ろうとする局面においては，他者が予想する通りのゲーム結果が生起するように意思決定を行うこととなる．人々は，このようなふるまいを通して，間主観性のありように対して主体的に関わっているといえる．すなわち，嘘をつくことは，双方が同一の意味世界を生きているという仮定（Garfinkelの構成的期待）を多層的なものへと変容させ，秘密を守ることは他者が抱いている間主観性に関する期待を維持することにも繋がると考えられるのである．

この観点から前節での分析を見ていくと，次のように考えることができる[9]．第1に，図6-2で示した，占い師として立候補するか否かに関するゲームを見ていこう．このようなゲームは，人狼であるAさんと占い師であるDさんをプレイヤーとするフレーミング・ゲームだということができる．すなわち，AさんとDさんのそれぞれが自身を占い師として意味付けることを意図した

ゲームだと考えられるだろう.

　この時, A さんは嘘をついているといえる. つまり, 自分は人狼であるという自らが真実だと認識することとは異なる意味付けを, 他者がするようにふるまっているのである. また, そのことによって, 合理的な選択を通して, ゲーム構造の形成および間主観性のありようの変容を引き起こしたと考えることができるだろう.

　第2に, 占い先に関するゲーム（図6-3）については, 結果に対する予想の違背という水準に関わるものとして捉えられる. D さんは, 自他の状況の定義が異なる場面において, その秘密を守ること, すなわち, 他者の状況の定義を守ることを志向していると考えられる. そのために, 他者が予想するであろう結果と同一の結果が生じるように意思決定を行っているのである. そのことを通して, A さんや, このゲームを A さんと同様のしかたで認識しながら観察している他のプレイヤーが抱く, 間主観性についての期待を維持したといえるだろう.

　以上のように, 本書の視角は, 嘘や秘密といった場面において, 意味構成の3水準と目的合理的な行為との水準の関係を捉えることができると考えられる. すなわち, ゲーム理論的な意思決定の結果として意味構成3水準に関わる現象が生起することを示すことができた.

　次に, この場面の分析から示唆されることについて考察していく. そこでは, ここで分析した場面を人狼ゲーム全体の中での出来事として捉え直し, 遊戯としてのゲームの分析から日常的な相互行為の分析への展開可能性を考えていく.

(2) 人狼ゲームから日常へ

　まず, 先に分析した場面をプレイ全体の文脈に差し戻し, そのやりとりがどのようなものであったかを確認していく. 人狼ゲームは, それ自体が非常に複雑な不完備情報ゲームだと考えることができる. すなわち, 各プレイヤーの役職が不明瞭な状態で, その役職を明らかにすることを目指すゲームである.

　そして, 前節で分析した, 真の占い師が誰かをめぐるゲームは, 人狼ゲームにおける各プレイヤーの役職を確定するための手がかりを得るために行われたものであるといえるだろう. つまり, その結果によって, 人狼ゲームという複

雑な不完備情報ゲームにおける情報を得ることが可能な，2次的なゲームであると考えることができる．そこでは，占い師候補となった2人が，それぞれ占い師としてふさわしいふるまい，すなわち，その他のプレイヤーが占い師としてふさわしいと想定するふるまいをしているか否かということが，その他のプレイヤーのどちらが占い師という役職についているかを確認するための手がかりとなっていたのである．

　このように，ある複雑な相互行為場面において，そこでの情報に影響を与えるような2次的なゲームを行うことは，人狼ゲームという遊戯としてのゲームを越えて，日常的な相互行為の中にも見出すことができる．たとえば，筆者らは，Goffman の議論を参考にしながら[10]，カラオケ・ボックス内での相互行為の分析を行っている（Goffman 1961 = 1985；小田中・吉川 2018）．そこでは，そのような相互行為全体の中で，誰が次回歌い手という役割を担うことになるのかについて，それを決定するためのゲームがチキンゲームや調整ゲームにおける均衡選択といったしかたで行われている様子が描かれている[11]．

　以上のように，本章の分析は，遊戯としてのゲームにおいて生じた出来事を対象としたものではあるものの，そこでなされていたことは，Goffman が論じたような，日常的な相互行為でなされていることと同型の現象であるということができるだろう．このことは，本書の視角が日常的な相互行為の分析にも有用であることを示唆している．

　そして，本章が捉えた2次的なゲームには，日常の中でも生じうる，次の2つの特徴を見出すことができる．第1に，嘘や秘密という観点から見れば，それらのゲームは，嘘をつくこと，そして，それが秘密を守ることへと移行する過程を捉えており，相手の期待に沿うようにふるまい続ける様子を描いているといえる．このような現象としては，Goffman のスティグマ論のうちにある，パッシングというものが考えられるだろう（Goffman 1963 = 1970）．そこでは，スティグマを持った人は他者と接触する際，自らはスティグマとなるようなものを有している人物ではないという嘘をつくこと，そして，そのことを隠し通すために，他者の状況の定義を守り続ける姿が描かれている．本書の枠組みはそのような現象をフォーマルなしかたで捉えうるといえるだろう．

　第2に，前章で述べたフレーミング・ゲームという観点からみると，本章で

分析した場面でなされていたことは，AさんとDさんという2人のプレイヤーが，それぞれの状況の定義のもっともらしさを競うものであったといえるだろう．つまり，Aさんを占い師と定義することがもっともらしいのか，Bさんを占い師と定義することがもっともらしいのか，ということが争われていたのである．

このような現象としては，Garfinkel が小説というしかたで描き，浜が社会学的な問題として抽出した「知覚の衝突」というものを考えることができるだろう（Garfinkel 1940＝1998；浜 1998）．Garfinkel の小説は，20世紀半ばのアメリカ，バージニア州のバスにおける，黒人の乗客と白人の運転手とのあいだで生じた争いを描いている．そこで，運転手は「黒人は後ろから詰めて座る」というバージニア州法を根拠に，乗客に対して後ろに詰めるように指示するが，乗客は市民の自由を保障する合州国憲法を根拠に，座席を決める自由を主張する．すなわち，運転手と乗客とのあいだで，乗客を黒人と意味付けるか自由なアメリカ市民として意味付けるかという点で齟齬が生じており，双方が自らの状況の定義の正当性を主張しているのである．本書の枠組みは，そのような場面を捉え，そして，その見通しをよくするような可能性を持っていると考えられるだろう．

以上のように，本章の分析は，本書の視角が，人狼ゲームという枠を越えて，日常的な相互行為の分析に有用であることを示唆している．すなわち，ゲーム理論的に記述することが困難な複雑な相互行為の全体を捉えることはできなくても，その一端を分析の俎上にのせることができると考えられる．特に，パッシングや知覚の衝突といった伝統的な課題の見通しをよくし，そのような現象を明晰に捉えられることを示唆している．

5　ま　と　め

本章では，人狼ゲームの一場面を対象にして，本書の分析枠組みが経験的な研究に有用なものであるかどうかのテストを行ってきた．それによって，意味構成の3水準の関係が捉えられることを示した．つまり，嘘をつく，そして，秘密を守るということが意図されている場面における，ゲーム構造の形成，間

第6章 人狼ゲームの分析 *143*

主観性の成立，ゲーム結果に対する予想の違背という3つの水準の連関を明らかにすることができた．

また，そこでの分析があくまで遊戯としてのゲームという枠の中で行われているふるまいを対象にしていたのに対して，その枠を越えて，本書の枠組みが日常的な相互行為の分析にも耐えうるものであることが示唆された．それによって，本書が論じてきた嘘や秘密ということと関連したパッシング，あるいは，知覚の衝突というしかたで捉えられてきた現象に対して，フォーマルにアプローチする可能性が示されたといえるだろう．

注
1） 人狼ゲーム全体を不完備情報ゲームと捉えることは可能であろう（本章4節も参照）．しかし，そのようなゲームはあまりに複雑でありモデル化し検証することは困難であるように思う．そこで，ここではある場面のみを分析の対象とする．
2） データを見る限り少なくとも明確な異議は確認できない．
3） この場面の前後で隣席であるHさんやゲームマスターに状況を尋ねていることからも，そのような事情がうかがえる．
4） ボディーガードが退場していなければ防衛してくれるかもしれないが，この段階ではボディーガードの安否は不明である．事実，占い師として追放を免れたAさんはボディーガードであるCさんに防衛されている．
5） これは人狼ゲームではよく起きることである．AさんとDさんは，このような自体が生じることを予想していたような発言をしており，また，議論を先導するEさんやHさんは「占い師アピールをしたい人」という言い方をしている．
6） 本書4章1節で見たように，上述したゲームにおける選好順序は，各結果に対する選好の他に，その結果であった際に生じるであろうゲームで獲得できる利得も考慮に入れられていると考えられる．そのようなゲームは，たとえば，占い師であると信じてもらえるか否かといった信念を含むベイジアンゲームとして記述することができるかもしれないが，議論が複雑になることを避けるためここでは試みない．
7） Aさんは週に1回程度プレイしており，また，Dさんは人狼の大会を企画している程度に人狼ゲームの愛好家であるため，このような局面での考え方を熟知していると考えられる．
8） 本節での議論では，都築が指摘しているような，理解の構造については自明なものとしている（都築 2000, 2005）．すなわち，同一の行動として現れる行為は，その意図が異なっていたとしても，同じ行為であると捉えられることを前提にしている．この点については，本書結論にて今後の課題として改めて述べる．
9） 詳細な検討は行わないが，Dさんが自らの嘘を打ち明け，そのことを弁明する場面

については，次のように考えることができる．第1に，Goffman が「カモをなだめる
(cooling the mark out)」という用語によって，捉えようとした現象である（Goffman
[1952] 1962）．この言い回しは，20世紀初頭のアメリカの詐欺師が，想定外のことが起
きたことで戸惑う「カモ（the mark）」をなだめることを指して用いていたものである
(cf. Maurer [1945] 1999 = 1999)．その表現を用いることで，Goffman は，ここでいう
結果に対する予想の違背が生じた人々のふるまいを捉えようとしており，ここでの D
さんの弁明は「カモをなだめる」ようなものとして捉えることができるだろう．なお，
この概念の経験的な検討としては，詐欺被害者に対するインタビュー調査がある（Har-
rington 2009）．第2に，「カモをなだめる」ことが功を奏してか，嘘をついていたにも
かかわらず，D さんの主張は何人かのプレイヤーには受け入れられる．これは，本書
3章で紹介した，Garfinkel の違背実験の被験者が，実験者によるルール違反の後も
ゲームを続行したということと対応しているように見える（Garfinkel 1963）．被験者
がゲームを続行したメカニズムについては，Garfinkel の信頼概念を精緻化し，より厳
密な検討が行われている（浜 1996a, 2006）．

10) Goffman は「ゲームの面白さ」という論文において，相互行為場面をゲームに見立て
て，そこにおける役割が，別のゲームによって決まることがあることを論じている
(Goffman 1961 = 1985)．たとえば，野球というゲームの先攻・後攻をじゃんけんとい
うゲームによって決めるといった場面を思い出すことができるだろう．

11) 均衡選択については，本書2章1節における調整ゲームの項を参照．筆者らの分析で
は，誰が次回歌い手になっても構わないがどちらかがならなければならないという状況
において，選曲する際に用いる電子目次本への距離やホスト／ゲストと呼べるような関
係性が参照され，均衡を選択する際の手がかりを得ていることが示されている（小田
中・吉川 2018）．

終　章
意味の社会学と数理社会学がむすびつくところ
――意味の数理社会学の展開――

1　本書の議論のまとめ

　本書は，意味の社会学が対象としてきた，日常的な相互行為における意味付けのありように対して，ゲーム理論的にアプローチするという目的の下で議論を進めてきた．序章で示したように，そのような関心を有する先行研究は数理社会学の研究蓄積に比して少数に留まっている．それは，その成立過程において，数理社会学が学際的な傾向を持っていたために，相互行為における意味という社会学固有の問題に焦点が当てられることが少なかったからだと考えられる．しかし，とりわけ日本において推進されてきたように，数理社会学が社会学における営みであるならば，意味の問題へと数理的にアプローチしていくことは必要な試みといえるだろう．

　以上のような立場から，まず，第1章ではいずれも先駆的な業績である先行研究を検討することを通して，本書全体を貫く枠組みと取り組むべき課題を抽出した．そこでは，まず，ゲーム理論という観点からみたときに，相互行為における意味構成を論じる視点には3つの水準があることが示された．すなわち，行為選択肢集合のようなゲーム構造の形成，間主観性の成立，そして，ゲーム結果に対する予想の充足／違背という3水準である．先行研究は，それらの諸水準を合理的選択の結果として論じることを試みてきた．しかし，目的合理的な意思決定の前提となる，ゲーム構造の形成と間主観性の成立という2水準を扱った先行研究を詳細に検討すると，それらの研究は，ゲーム理論的な意思決定の前提をゲーム理論的に説明しようとしているがゆえに，困難を抱えてしまっていることが明らかとなった．

　そこで，その2水準について改めてゲーム理論的に考察していくことを通し

て，それらを合理的選択の結果として説明できる可能性を模索することを目指
してきた．その際，それらの水準を扱った意味の社会学の議論として，先行研
究でも言及されていた，Schutz や Garfinkel の理論を取り上げ，それらとゲー
ム理論の関係を再検討することから議論をはじめることとした．

　第 2 章では，Schutz の行為論とゲーム理論との接続可能性を考察した．
Schutz の行為論においては，習慣などのように（目的合理的という水準では）行
為を選択しないということが日常的な行為においては大半であることが指摘さ
れている．しかし，行為を選択するような場面の考察は，ゲーム理論と接合的
であることが示された．すなわち，Schutz の議論における，行為の選択を行
う場合の選択肢集合の形成や選択基準に関するものとして捉えることができる
箇所は，ゲーム理論的な分析の前提として扱いうることが明らかとなった．

　しかし，次の 2 つの理由ゆえに，Schutz の議論はただちにはゲーム理論と
接合できないこともまた明らかとなった．第 1 に，相互行為を分析する際の視
点の違いである．Schutz の考察は，相互行為に参加するある人物の視点に
立って，意味世界の構成を論じることを目指したものである．それに対し，
ゲーム理論は科学者として相互行為場面を俯瞰する枠組みであるため，その点
において両者は相容れないものとなってしまっている．

　第 2 に，相互行為参加者たちが生きる意味世界を同一なものとみるか，異な
るものとみるかという相互行為観の差異である．Schutz は，相互行為におい
て，参加者それぞれの意味世界が異なるものとなっているという前提のもとで
議論を進めている．それは，意味世界を構成する際に用いる知識が人々それぞ
れに固有のものだからである．そして，異なる意味世界を生きる他者とのあい
だでも間主観性が成立するための条件の 1 つを，視界の相互性の一般定立とい
う概念によって捉えようとしていた．しかし，ゲーム理論においては，相互行
為参加者双方が同一のゲーム構造を認識していることを共有知識という強い仮
定によって支えることが一般的となっている．

　これらの問題を克服するために，第 3 章では，Garfinkel の理論の検討とハ
イパーゲームという枠組みの導入を試みた．Garfinkel の理論は，Schutz と相
互行為観を共有しながらも，彼とは異なり，そして，ゲーム理論と同様に，科
学者としての視点から相互行為場面を捉えながら，構成的期待や信頼という概

念によって間主観性の成立を論じている．他方で，ハイパーゲームは，共有知識の仮定とは異なり，そして，SchutzやGarfinkelと同様に，相互行為参加者たちが異なる認識を行っていることを前提としたモデルである．

そして，ハイパーゲームにおいてゲームの成立を支える仮定である主観的共有知識と，Schutzの視界の相互性の一般定立やGarfinkelの構成的期待・信頼が，論理的に同一のものであることを示した．このことは，間主観性の成立という水準について，ハイパーゲームを用いることでフォーマルな表現が可能であることを意味している．さらに，主観的共有知識に依拠することで，Garfinkel理論によっては説明することが困難な，現実認識に多層性があるような場面，すなわち，一方が自らの認識している現実と相手が認識している現実とが食い違っていることを認識しているような場面における間主観性のありようについても数理的に表現できることを示した．

ここまでの議論において，先行研究が目的合理的な意思決定という観点から捉えようとした，ゲーム構造の形成や間主観性の成立といった水準が，ゲーム理論的な分析を行うための前提となっていることが示された．まず，ゲーム構造の形成については，もし，Schutzが論じたようなしかたで，各人が独自に有する利用可能な知識を用いることで構成された意味世界が，行為の選択を伴うような相互行為場面であった場合には，それをゲーム理論的なものとしてみなすことができる．そして，間主観性の成立については，Schutzの視界の相互性の一般定立，Garfinkelの構成的期待や信頼といった概念で捉えようとした条件を，ハイパーゲームにおける主観的共有知識というしかたでフォーマルに表現できることが示された．

しかし，Garfinkelの違背実験をゲーム理論的に表現するという作業を通して，ゲーム構造の形成や間主観性の成立といった2水準が分析の際に所与とならざるを得ないことを認めた上でなお，それらの水準，そして，ゲーム結果に対する予想の違背という水準にゲーム理論的にアプローチしていく1つの道筋が示唆された．というのも，違背実験の実験者がそうしたような，他者が想定するゲーム構造の形成や，他者による予想の違背を引き起こすことを，意図的な行為として考えることができるからである．また，間主観性の成立という水準についても，他者のゲーム構造を形成した時には，そのありようが多層的な

ものへと移行するという現象は，合理的な選択の結果として説明しうるものとして考えられる．

　そこで，第4章では，そのような方針のもとで論を進めるために，Esser の状況の定義論と Goffman のフレーム分析を検討することとした．ここで，それらの議論に着目したのは，それぞれ次の理由による．まず，Esser による状況の定義論を取り上げたのは，そこでは，状況の定義を合理的な選択の結果として説明することが試みられているからである．また，Goffman のフレーム分析を扱うこととしたのは，それが状況の定義への主体的な関わりを捉える視角となっているからである．

　そして，それぞれの議論の検討を踏まえて，ゲーム理論的な分析の前提とみなされていた，意味構成の2水準の成立を，ゲーム理論的に説明しうる場合があることが示された．まず，ゲーム構造の形成という水準に対しては，Esser による状況の定義を合理的に選択するというアイデアをゲーム理論的に展開することを通して，モデル化することができた．ついで，フレーム分析の検討によって，合理的な行為に伴う間主観性のありようの変容，すなわち，一方が他方のゲーム構造を操作しているような場面においては，認識の多層性が生じることが指摘された．

　その上で，もう1つの意味構成の水準，つまり，ゲーム結果に対する予想の違背という水準についてもゲーム理論的な検討を行った．それによって，次のように，違背が生じる／ない条件について，数理的に導出することができた．すなわち，双方が異なる行為選択肢集合や利得を想定していたとしても，それぞれが認識しているゲーム構造の中で予想される結果が同一である場合，予想の違背は生じることがないものの，逆に，互いの認識が似通ったものであったとしても，それぞれが予想する結果が異なったものとなっている場合には，違背が生じてしまうのである．

　最後に，上述した議論によって構築された本書の枠組みを，日常的な相互行為の経験的な分析に応用することを試みた．第5章では，本書の視角が対象としうる現象として，嘘・秘密を取り上げ，それらを扱った諸研究の検討を行った．その結果，嘘・秘密論が対象としてきた現象は，状況の定義への主体的な関わりという観点から，嘘，秘密，擬制，そして，公然の秘密という4つの現

象に分類可能なこと，そして，それらのあいだに移行関係があることが示された．その上で，本書の枠組みが嘘・秘密現象を捉えうることが示された．すなわち，嘘をつくという他者の状況の定義の操作については，ゲーム構造の形成や間主観性の成立のしかたという水準が，また，秘密を守るという他者の状況の定義を維持しようとすることが試みられる局面においては，ゲーム結果に対する予想の違背という水準がそれぞれ関わっていること，そして，その様子をゲーム理論的に捉えられる可能性が示された．

　そこで，第6章では，嘘や秘密がある場面の分析に取り組んだ．そこでは，分析対象となる場面として，人狼ゲームのある場面を取り上げた．分析の結果，本書の枠組みのもとで，嘘や秘密が存在している場面をゲーム理論的に表現できることが示された．そのことによって，そこでの各プレイヤーのふるまいを，ゲーム構造の形成に関わるもの，ゲーム結果に対する予想の違背に関わるものとして捉えることができた．また，それらのふるまいが間主観性の成立のしかたの変容への主体的な関わりとなっていることも示された．

　その分析は，あくまで遊戯としてのゲームという枠の中で行われているふるまいを対象にしていたものであったのに対して，その枠を越えて，本書の枠組みが日常的な相互行為の分析にも耐えうるものであることが示唆された．それによって，本書の議論を踏まえることで，社会学的相互行為論における古典的な問題，すなわち，パッシングや知覚の衝突という意味付けに関わる現象に対して，数理的に取り組んでいくという方針が示された．

2　本書の意義と今後の展開可能性

　以下では，本書の意義と今後の展開可能性について，理論・方法論的な側面，そして，経験的な側面から，それぞれ述べていく．はじめに，理論・方法論的な観点から，本書が依拠してきた数理社会学と社会学的相互行為論という2つの文脈における，本書の議論の位置付けを考えていくこととする．

　まず，数理社会学という文脈で見ると，本書の議論は，数理社会学にとって不幸にも縁遠いものとなってしまっていた，意味付けの問題との接点を築くものである．日常的な相互行為における意味付けという対象に対して，経験的に

応用可能な数理的な理論を展開したことは，そのような不幸な現状を打破する
ものだろう．そして，その際に，２つのアプローチをとったことが本書の特徴
であるといえる．第１の特徴は，理論構成のしかたにある．本書では，先駆的
な試みである諸先行研究と同様に，意味構成の３水準について，ゲーム理論
的な意思決定の結果として捉えることを目指した．しかし，先行研究ではゲー
ム理論的な分析の前提となっている，ゲーム構造の形成や間主観性の成立と
いった問題をゲーム理論的に扱おうとしたがゆえに，論理的な困難が生じてし
まっていた．それに対し，本書では，それらが分析の前提となっていること
を一度認めた上でもなお，フレーミング・ゲームや嘘・秘密の分析を通して，
意味構成の水準にゲーム理論的にアプローチしうることを示したといえるだ
ろう．

　第２の特徴は方法論的なものである．すなわち，本書の理論枠組みの有用性
を示す際に，人狼ゲームの様子を撮影したデータを用いた数理モデルの実証を
試みたことである．ビデオデータを用いた分析は，エスノメソドロジーや会話
分析という方針に基づく相互行為研究などにおいて広く用いられている手法で
ある．その一方で，数理社会学においては，管見の限りほとんど用いられるこ
とがなかったように思える[1]．このように，方法論的な点でも社会学的相互行為
論と数理社会学の接点を築いたことで，ある対象を分析する際に，両者の協働
が容易となり，日常的な相互行為についてのより豊かな知見をもたらしていく
ことが期待される．

　そして，人狼ゲームという遊戯を題材として取り上げ，それがゲーム理論的
な分析の対象となりうることを示したことも，社会学におけるゲーム理論研究
の発展を促すものであると考えられる．人狼ゲーム全体は，日常的な相互行為
よりは単純ではあるものの，定式化することは困難な不完備情報ゲームである
と考えられる．そこでは，将棋のようなゲームとは異なり，プレイヤーたちが，
ゲーム理論的に分析可能な２次的なゲームをはじめることができると考えられ
る．すなわち，人狼ゲームは，プレイヤーたちがあらかじめ定められたゲーム
をプレイする中で，自由にゲームを作り出すことができるものなのである．こ
の点で，人狼ゲームは日常的な相互行為に近しいものであると考えることがで
きる．したがって，本書が注目した嘘や秘密といった現象以外にも，その分析

を通して，有益な知見を得ることができるだろう．

　以上のように，本書の議論は，数理社会学に対して一定の意義を有するものだと考えられるが，今後に取り組むべき大きな課題もある．すなわち，モデルの精緻化を試みること，そして，秩序問題という問題系の中で考察を進めて行くことである．まず，モデルの精緻化について見ていこう．ここで論点になることは次の2つである．第1にゲーム理論に内在的な確率の問題，第2に外在的な理解の問題である．本書では，意思決定モデルを構築していく中で，確率的な側面には注意を払ってこなかった．これは，ハイパーゲーム的な現実認識の様態に議論を集中させるためであった．しかし，織田やEtzrodtが論じていることからわかるように，確率的な不明瞭さのある場面は，ゲーム理論的に意味構成のアプローチする上で避けては通れないものであろう（織田1997；Etzrodt 2004）．たとえば，本書の議論においても，嘘や秘密が他者から疑われているような疑念状態においては，ベイジアンゲームが扱うような，現在の状況について，確率的な見積もりを抱いていると考えることができるだろう．また，Goffmanのいうパッシングについても，シグナリングゲームと呼ばれる，ベイジアンゲームの一種によるモデル化可能性が示唆されている（木村2018）．したがって，今後は，ハイパーゲームだけではなく，場面に応じてベイジアンゲームなども用いていけるような，より柔軟な枠組みへと発展させていくことが求められるであろう．

　次に理解の問題について考えていこう．本書1章でも紹介したように，都築は，ゲーム理論の限界として，行為の理解という現象を捉えることができないことを挙げている（都築2000, 2005）．すなわち，選択されたある行為についての他者による理解という水準が看過されているのである．このような批判は，本書の議論にも当てはまるものだと考えられる．意味構成の第3水準，すなわち，ゲーム結果に対する予想の充足／違背という観点から見たとき，本書においては，プレイヤーによってなされる行為の相互理解については，自明なものとせざるを得なかった．

　そして，行為の理解を考慮することは，その第3水準をより深く考察していく際に，欠かすことができないものであろう．というのも，たとえ双方が互いに想定している通りの行為を選択し，予想と同様の結果が生じたとしても，そ

の理解のしかたによっては，それが異なる結果であるように認識され，予想の違背が生じると考えられるからである．

　たとえば，本書6章で取り上げた人狼ゲームにおいて生じた，Dさんの発言をめぐる次のような事態はそのことを示唆している．2日目昼のターンにおいて，Dさんは，「最初に疑いの目を向けたのはFさんです（Fさんは前ターンで追放）．…Fさんは人狼だったんじゃないか説を考えていて，（占い師の対立候補である）Aさんを殺したら終わるんじゃないかなと思ってます．…Fさんとラストウルフ（最後に残った人狼）がGさんじゃないかな…と思ってます」という発言を行っている（「…」は中略，丸括弧は筆者による補足）．そして，この発言において，Dさんは「AさんとFさん」あるいは「AさんとGさん」というペアが人狼であるということを伝えようとしていた（ゲーム後の振り返りにおけるDさんの発言より）．しかし，他のプレイヤーは，この発言を「AさんとFさんとGさん」という3人が人狼であることを伝えようしているものであると理解した．そして，そのような意図は，人狼がルール上2人しかいないため，ペアを挙げると想定していた他のプレイヤーにとっては想定外のものであり，それゆえ，Dさんは信じるに足る人物ではないとみなされてしまうのである．ここでは，Dさんと他のプレイヤーとのあいだで，都築がいうところの，行為意図と外的な行動を接続する関数f（cf. 本書1章）が共有されていなかったことが，結果に対する予想の違背を生じさせたと考えられるだろう．

　以上のようなゲーム理論の限界は，ゲーム理論を基礎とした，日常的な相互行為を研究するための，数理モデルを展開していく必要性，そして，その方針を示唆している．すなわち，本書でいうところの意味構成の3水準それぞれについて，この関数fを含めていく可能性である．たとえば，ゲーム構造の形成という水準については，そこで形成されるものとして，行為選択肢集合や利得といった従来のゲーム構造に加えて，理解関数を措定することができる．そして，フレーミング・ゲームにおけるフレームとして，行為選択肢集合だけではなく，関数fも含めることによって，理解のしかたを規定することを試みるゲームを考えていくことができるだろう．

　さて，数理社会学という観点から見たとき，第2の課題として現れるのは，秩序問題との連関を問うていくことであろう．ここで，秩序問題をホッブズ問

題と日常世界的秩序問題という2つの問題として捉えるならば，数理社会学における ゲーム理論的な研究は主としてホッブズ問題に取り組んできたといえるだろう（盛山 1991）．それに対し，本書の議論は，日常世界的秩序問題にゲーム理論を用いて取り組んできたといえる．本書における意味構成の3水準のうち，間主観性の成立とゲーム結果に対する予想の充足／違背という水準は，それぞれ日常的な相互行為が秩序だったものとして現れるメカニズムに対応している．というのも，前者は，Schutz や Garfinkel が取り組んだ，相互行為が成立する要件，後者は，Goffman が解明しようとした相互行為秩序観，すなわち，状況の定義を協働して守っていくということと，それぞれ対応していると考えられるからである（Goffman 1959 = 1974, 1963 = 1970；浜 2006）．

　そのような試みは，ゲーム理論という単一の枠組みのもとで，2つの秩序問題の連関について考えるという課題に取り組むことを可能にするものである（cf. 内藤 2011）．その際，2つの道筋があるように思われる．1つは，本書1章でも取り上げた武藤のように，日常的な相互行為を支える構造の中にホッブズ問題を見出すというものである（武藤 2005b）．それに対し，本書の枠組みは，ホッブズ問題が成立することをゲーム理論的に問うていくことを可能にするものであり，日常世界的秩序問題が，ホッブズ問題に先立つ問いであることを考慮すれば，そのような方針のもとで研究を進めていくことが求められるだろう．

　次に，本書が依拠してきた，社会学的相互行為論との関係を見ていこう．本書では，Schutz, Garfinkel, そして，Goffman の業績をそれぞれ参照し，それらをフォーマルなしかたで表現しうることを示した．そして，そのことを通して，各論者の知見をゲーム理論的な枠組みのもとに収斂させることができた．

　このことは，本書の議論が，次のように意味の社会学を進展させたことを意味している．すなわち，Schutz, Garfinkel, Goffman という3人の論者による議論の統合可能性である．Garfinkel と Goffman は，それぞれ時代的に先行している Schutz の仕事を参照しながら，自らの議論を進めている（e. g. Garfinkel 1963；Goffman [1974] 1986）．また，同時代に活躍した，Garfinkel と Goffman のあいだには，相互影響関係がある（e. g. Garfinkel 1956；Goffman 1961 = 1985, [1974] 1986）．しかし，各論者についての学説史的な研究は，その共通性や連続性は指摘されてはいるものの，それぞれの差異を強調するものとなっている（e. g.

Lanigan 1990；Rawls 2003；Psathas 2013）．たとえば，Psathas は，Goffman のフレーム分析が Schutz の多元的現実論から影響を受けていることを踏まえ，両者の関係を論じているが，それぞれの議論の要点が異なることを示しており，また，Rawls は，Garfinkel と Goffman の差異について，Durkheim からの影響を補助線として論じている．

　それに対し，本書の議論は，彼らのアイデアを抽出することで，日常的な相互行為を捉える 1 つの視角を構築したものであるといえる．たとえば，上述した日常的な相互行為における秩序という観点から見ると，たしかに，Schutz，Garfinkel と Goffman による秩序の捉え方は異なっているように思えるが，それらは数理的なしかたで表現することで同一の地平の上で論じることができるようになるのである．

　とはいえ，彼らの議論のすべてを参照すること，また，それぞれの方法論的な異同などについて目を配ることは本書の範囲を越えるものであるように思われる．今後は，本書の枠組みをものさしとしながら，それぞれの議論の布置連関をより詳細に検討していくことが必要だろう．

　最後に，本書の枠組みを，現代的な社会現象に応用していくという観点から，今後の展開可能性を考えていこう．本書では，人狼ゲームの分析を通して，ゲーム理論的な理論枠組みが解明しうる具体的な現象として，2 つのタイプがあることが示された．すなわち，Garfinkel によって知覚の衝突と呼ばれた，状況の定義をめぐるやりとり，そして，嘘や秘密という現象である．そして，それぞれが対応する，現代的な現象として，次のようなものを挙げることができるだろう．

　まず，知覚の衝突について考えていこう．Garfinkel が，20世紀半ばのアメリカを舞台に，小説というしかたで描いた状況の定義をめぐるやりとりは，必ずしもフィクションのなかだけの出来事ではない．たとえば，ほぼ同時代に，Schutz は，久しぶりに故郷へ帰った帰郷者や見知らぬ土地を訪れたよそ者にとって，状況の定義の異なりに由来するコンフリクトが生じることを論じている（Schutz［1944］1976a,［1944］1976b；浜 2004）．

　現代社会では，そのような場面は，それとは縁遠いものに思われる，親密な関係においても見出される現象である．U. Beck と E. Beck-Gernsheim は，

終　章　意味の社会学と数理社会学がむすびつくところ　*155*

グローバル化する社会における家族を論じる中で，いわゆる国際結婚の増加に注目している（Beck und Beck-Gernsheim 2011＝2014）．そして，生まれ育った環境を大きく異にするものたちによって結ばれる関係においては，たとえば，食事のような日常の些細な場面においても，知覚の衝突とも理解できるような問題が生じることを指摘している．

　そして，Beck と Beck-Gernsheim の議論を敷衍すれば，上述したようなコンフリクトは国際結婚という関係のなかだけではなく，現代社会のいたるところで見出すことができることのように思われる．本書の理論枠組みを用いることで，そのような場面における，トラブルの要因を詳細に検討していくことができるだろう．

　次に，嘘や秘密といった現象について考えていこう．そういった現象と関連し，現代社会において問題となっているものとして，フェイクニュースを挙げることができるだろう．「ポスト・トゥルース」と呼ばれはじめて久しい現在，政治に関わる出来事について，インターネット上で虚偽の情報が流布することは世界規模で社会問題として取り上げられた．

　そして，フェイクニュースは，新型コロナウイルス感染症に関する情報をめぐっても大きな話題となってきた（cf. 総務省 2021）．コロナ禍初期である，2020年初頭には，感染拡大防止対策の余波で紙類が不足するというデマが流れ，小売店から商品がなくなるということが起きた．その他にも，感染予防や感染拡大防止対策に関する多くのフェイクニュースが，人々の暮らしを惑わせた．

　このフェイクニュースという現象は，それが拡散される主たる舞台がインターネット上であることから，主として計算社会科学（computational social science）と呼ばれる領域で盛んに研究されている（笹原 2018）．計算社会科学は，情報科学と社会科学との融合を図る領域で，コンピュータを駆使したビッグデータの分析やシミュレーションなどの方法に特徴がある（鳥海編著 2021）．上述した紙類に関する嘘の情報についても，日本を代表する計算社会科学者の1人である，鳥海不二夫のグループが詳細な分析を行っている（Iizuka et al. 2022）．そこでは，SNS上にてフェイクニュースとそれを訂正する情報のそれぞれが拡散されるメカニズムと購買行動の関係が論じられている．

本書の研究は、このような現象へ社会学がアプローチしていくための、理論的な基礎を提供するものだと思われる。本書の議論は、対面状況を前提にしたものであるため、SNSなどを介した非対面のコミュニケーションに応用するのは慎重であるべきであろう。しかし、たとえば、次の2点において、展開する見込みが十分にあると考えられる。第1に、本書でも採用しているハイパーゲームは、フェイクニュース研究においても用いられたモデルである（Kopp et al. 2018）。第2に、本書が考案したフレーミング・ゲームは、嘘の情報と訂正情報のせめぎあいを捉えることができるモデルであると考えられる。

したがって、メディア論などの知見も参照しながら、本書の観点からフェイクニュースを捉えていくことで、その拡散／伝播のメカニズムを解明に貢献していくことができるように思える。計算社会科学的な議論は、英語圏での議論が中心であるが、日本においても、政治学などの専門家によって、社会科学的なアプローチが試みられている（清原編著 2019）。本書の議論は、そのような研究に社会学が向かっていく足がかりになりうるだろう。

さて、日常的な相互行為という現象を舞台に、本書の議論は、不幸にもすれちがってきた、意味の社会学と数理社会学の1つの交点を描き出すことができた。そのことによって、数理社会学はもちろん、意味の社会学にとっても、それぞれの研究を進める可能性を示せたように思う。とはいえ、積み残した課題や、さらなる展開のために挑戦すべきことも多い。今後は、本書の議論を基盤として、理論・経験の両面から彫琢していく必要があるだろう。

コロナ禍において一度失われ、そして、再び望まれ、あるいは、（フェイクニュースのように）望まないにもかかわらず、当たり前のものとなりつつある「日常」の中のささいなやりとりを問い直す。意味の数理社会学が数理社会学の、ひいては、社会学における「日常」となるための一歩は、そこにあるのではないだろうか。

注
1） そのような試みとしては、筆者が吉川侑輝氏と共同で行った研究がある（小田中・吉川 2018）.
2） 計算社会科学と社会学の関係については、瀧川裕貴が論じている（瀧川 2018, 2020）.

また，その中で社会学における意味の問題にアプローチしうるツールとして注目されているトピックモデルと呼ばれるテキストマイニングの手法については，本書でも取り上げた Schutz の議論との関連が指摘されている（小田中・中井 2019）.

あ と が き

　本書は，2019年に慶應義塾大学社会学研究科へ提出した博士論文「日常的な相互行為のゲーム理論的研究」を改稿したものである．本書の出版は，令和6(2024) 年度科学研究費助成事業研究公開促進費（課題番号：24HP5123）の助成を受けたものである．

　大学院へ進学し研究を進める中で，とてもおおくの先生方，学友たちにお力添えをいただいた．心より感謝を申し上げる．ここでは，本書の執筆に当たって，とくにご助言・ご助力をいただいた方々のみの名前を挙げさせていただく．

　織田輝哉先生には，学部時代から指導教授としてご指導いただいた．先生は，私のとりとめのない話に，ときに何時間もつきあってくださった．先生との議論はいつも刺激的で，私の研究がなんとかかたちになっていったのはひとえに先生のおかげである．

　浜日出夫先生には，修士課程の時から研究を見ていただき，おおくのコメントをいただいた．本書が意味の問題を扱うことができたのは，Schutz や Garfinkel をご専門とする先生の存在があったからだ．また，学説史的な視点を先生から学べたことで，私の関心は大きく広がった．

　武藤正義先生は，ゲーム理論の専門家としてコメントをくださった．数理社会学の専門家が少ない環境に身をおく私にとって，先生に声をかけていただいたことはうれしいものだった．ご推薦いただき，『理論と方法』の編集委員を務められたことも，とてもよい経験となった．

　大学院の先輩である鳥越信吾さんには，ドイツ語の勉強会に誘っていただいた．本書でドイツ語の文献を参照することができたのは，そこでの経験があったからである．また，研究の内容についても，いつも的確なコメントをしてくださった．同じく先輩である牛膓政孝さんは，内容へのコメントだけでなく，文献リストのダブルチェックなど，形式的な作業も手伝ってくださった．おおくのミスを見つけていただき，とても助かった．

　大学院の同期の吉川侑輝さんからは，共同研究を通して，おおくのことを学

ぶことができた．本書でビデオデータを用いた分析を行うことができたのは，
それを専門としている吉川さんとの研究で得たものがとても大きい．

　また，人狼ゲームの撮影・研究への使用を許可してくださった方々にもお礼
を申し上げる．とくに，愛好家の集まりを紹介していただいたＥさんと，そ
のパートナーの方にはとてもお世話になった．

　出版に際し，晃洋書房の阪口幸祐さん（当時）と徳重伸さんにとてもお世話
になった．

　最後に，私のわがままをゆるし，見守ってくださった両親にこの場を借りて
お礼を申し上げる．

　　2024年 9 月

　　　　　　　　　　　　　　　　　　　　　　　　小田中　悠

初 出 一 覧

　本書における以下の章の一部は，すでに刊行されている論文と重なるところがある．ただし各章において加筆および修正が施されている．

第1章……小田中悠，2017，「日常的な相互行為のゲーム理論的記述可能性：A. シュッツの行為論を手掛かりにして」『経済社会学年報』(39)：101-11．小田中悠・吉川侑輝，2018，「日常的な相互行為における期待の暗黙の調整：E. Goffman のフォーマライゼーション」『理論と方法』33(2)：315-30．

第2章……小田中悠，2017，「日常的な相互行為のゲーム理論的記述可能性：A. シュッツの行為論を手掛かりにして」『経済社会学年報』(39)：101-11．

文　　献

Abbot, A., 1999, *Department and Discipline: Chicago Sociology at One Hundred*, University of Chicago Press.（松本康・任雪飛訳，2011，『社会学科と社会学：シカゴ社会学百年の真相』ハーベスト社.）

Abraham, T. H., 2004, "Nicolas Rashevsky's Mathematical Biophysics," *Journal of the History of Biology*, 37：333-85.

浅古泰史，2018，『ゲーム理論で考える政治学：フォーマルモデル入門』有斐閣.

Beck, U. und E. Beck-Gernsheim, 2011, *Fernliebe: Lebensformen im globalen Zeitalter*, Suhrkamp Verlag.（伊藤美登里訳，2014，『愛は遠く離れて：グローバル時代の『家族』のかたち』岩波書店.）

Benett, P. G. & M. R. Dando, 1979, "Complex Strategic Analysis: A Hypergame Study of the Fall of France," *Journal of Operational Research Society*, 30(1)：23-32.

Berger, P. L., 1962, *Invitation to Sociology: A Humanistic Perspective*, Doubleday Anchor Books.（水野節夫・村山研一訳，2007，『社会学への招待』新思索社.）

Berger, P. L. & T. Luckmann, 1966, *The Social Construction of Reality: A Treatise in the Sociology of Knowledge*, Doubleday.（山口節郎訳，2003，『現実の社会的構成：知識社会学論考』新曜社.）

Bonacich, P & P. Lu, 2012, *Introduction to Mathematical Sociology*, Princeton University Press.

Boudon, R., 1971, *Les Mathématiques en Sociologie*, P. U. F.（岡本雅典・海野道郎訳，1978，『社会学のロジック』東洋経済新報社.）

————, 1973, *L'inégalité des chances*, Armand Colin.（杉本一郎・山本剛郎・草壁八郎訳，1983，『機会の不平等：産業社会における教育と社会移動』新曜社.）

Bryant, C. G. A., 1985, *Positivism in Social Theory & Research*, St. Martin's Press.

Carnap, R., 1932, "Die physikalishe Sprache als Universalsprache der Wissenschaft," *Erkenntnis*, 2：432-65.（竹尾治一郎訳，1986，「科学の普遍言語としての物理的言語」坂本百大編『現代哲学基本論文集I』勁草書房，185-240.）

Charlesworth, J. C. ed., 1963, *Mathematics and the Social Sciences: The Utility and Inutility of Mathematics in the Study of Economics, Political Science, and Sociology*, The American Academy of Political and Social Science.

廳茂，1995，「科学と論理：認識の意味」徳永恂・厚東洋輔編『人間ウェーバー：人と政治と学問』有斐閣，51-88.

Coleman, J. S., 1954, "An Expository Analysis of Some of Rashevsky's Social Behavior Models," P. F. Lazarsfeld ed., 1954, *Mathematical Thinking in the Social Science*,

The Free Press, 105-65.

————, 1964, *An Introduction to Mathematical Sociology*, The Free Press.

Collins, R., 1994, *Four Sociological Trends*, Oxford University Press. (友枝敏雄他訳, 1997, 『ランドル・コリンズが語る社会学の歴史』有斐閣.)

Coser, L. A., 1978, "American Trends," T. Bottomore & R. Nisber eds., *A History of Sociological Analysis*, Basic Books, 287-320. (磯部卓三訳, 1981, 『アメリカ社会学の形成』アカデミア出版会.)

DiCicco-Bloom, B. & David R. Gibson, 2010, "More than a Game: Sociological Theory from the Theories of Games," *Sciological Theory*, 28(3): 247-271.

土場学, 1996, 「数理社会学：未完のプロジェクト」『理論と方法』11(2): 157-73.

Dodd, S. C., 1942, *Dimensions of Society*, Macmillan.

Edling, C. R., 2002, "Mathematical Sociology," *Annual Review of Sociology*, 28: 197-220.

Esser, H., 1990, '„Habits", „Frames" und „Rational Choice": Die Reichweite von Theorien der rationale Wahl (am Beispiel der Erklärung des Befragtenverhaltens),' *Zeitschrift für Soziologie*, 19(4): 231-47.

————, 1993, "The Rationality of Everyday Behavior: A Rational Choice Reconstruction of The Theory of Action by Alfred Schutz," *Rationality and Society*, 5(1): 7-31.

————, 1996, "Die Definition der Situation," *Kölner Zeitschrift für Soziologie und Sozialpsychologie*, 48: 1-34.

————, 2001, *Soziologie. Spezielle Grundlagen, Band 6: Sinn und Kultur*, Campus.

————, 2002, "In guten wie in schlechten Tagen? Das Framing der Ehe das Risko zur Scheidung. Ein Test des Modells der Frame-Selektion," *Kölner Zeitschrift für Soziologie und Sozialpsychologie*, 54: 27-63.

Etzrodt, C., 2000, 'Alfred Schütz - Ökonom und/oder Soziologe? Eine Kritik an Hartmut Essers Interpretation der Theorie von Alfred Schütz und an seiner „Definition der Situation",' *Kölner Zeitschrift für Soziologie und Sozialpsychologie*, 52: 761-82.

———— (角田幹夫・佐々木えりか訳), 2004, 「行為者はなぜ選択しないのか：経済学を通してのパーソンズとシュッツ行為論の比較」『社会科学基礎論研究第三号』社会科学基礎論研究会, 98-115.

Fararo, T. J., 1973, *Mathematical Sociology*, Wiley. (西田春彦・安田三郎監訳, 1980, 『数理社会学〈1〉〈2〉』紀伊國屋書店.)

————, 1984a, "Preface," *Journal of Mathematical Sociology*, 10: 219.

————, 1984b, "Neoclassical Theorizing and Formalization in Sociology," *Journal of Mathematical Sociology*, 10: 361-93.

————, 1989, *The Meaning of General Theoretical Sociology: Tradition and Formalization*, Cambridge University Press. (高坂健次訳, 1996, 『一般理論社会学の意味：伝統とフォーマライゼーション』ハーベスト社.)

―――, 1997, "Reflections on Mathematical Sociology," *Sociological Forum*, 12(1): 73-101.

Faris, R. E. L., [1967] 1970, *Chicago Sociology, 1920-1932*, University of Chicago Press. (奥田道大・広田康生訳, 1990, 『シカゴ・ソシオロジー: 1920-1932』ハーベスト社.)

Garfinkel, H., 1940, "Color Trouble," *Opportunity*, 18(5): 144-52. (秋吉美都訳, 1998, 「カラートラブル」山田富秋・好井裕明編『エスノメソドロジーの想像力』せりか書房, 10-29.)

―――, 1956, "Conditions of Successful Degradation Ceremonies," *American Journal of Sociology*, 61(5): 420-4.

―――, 1960, "The Rational Properties of Scientific and Common Sense Activities," *Behavioral Science*, 5(1): 72-83.

―――, 1963, 'A conception of, and Experiments with, "Trust" as a condition of Stable Concerted Actions,' O. J. Harvey eds., *Motivation and Social Interaction*, New York: Ronald Press, 187-238.

―――, 1967, *Studies in Ethnomethodology*, Polity.

Giddens, A., 1978, "Positivism and Its Critics," T. Bottomore & R. Nisber eds., *A History of Sociological Analysis*, Basic Books, 237-86.

Gintis, H., 2009, *The Bounds of Reason*, Princeton University Press. (成田悠輔・小川一仁・川越敏司・佐々木俊一郎訳, 2011, 『ゲーム理論による社会科学の統合』NTT出版.)

Glaser, B. G. & A. L. Strauss, 1965, *Awareness of Dying*, Aldine Publishing. (木下康仁訳, 1988, 『死のアウェアネス理論: 死の認識と終末期ケア』医学書院.)

Goffman, E., [1952] 1962, "On Cooling the Mark Out: Some Aspects of Adaptation to Failure," A. M. Rose ed., *Human Behavior and Social Processes: An Interactionist Approach*, Routledge and Kegan Paul, 482-505.

―――, 1959, *The Presentation of Self in Everyday Life*, Doubleday & Company. (石黒毅訳, 1974, 『行為と演技』誠信書房.)

―――, 1961, *Encounters: Two Studies in the Sociology of Interaction*, Bobbs-Merrill. (佐藤毅・折橋徹彦訳, 1985, 『出会い: 相互行為の社会学』誠信書房.)

―――, 1963, *Behavior in Public Places*, The Free Press. (丸木恵祐・本名信行訳, 1980, 『集まりの構造: 新しい日常行動論を求めて』誠信書房.)

―――, 1963, *Stigma: Notes on the Managemnt of Spoiled Identity*, Prentice-Hall. (石黒毅訳, 1970, 『スティグマの社会学』せりか書房.)

―――, 1969, *Strategic Interaction*, University of Pennsylvania Press.

―――, [1974] 1986, *Frame Analysis: An Essay on the Organization of Experience*, Northeastern.

Grathoff, R. ed., 1985, *Alfred Schütz Aron Gurwetsch Breiefwechsel 1939-1959*, Wilhelm Fink Verlag. (佐藤嘉一訳, 1996, 『亡命の哲学者たち: アルフレッド・シュッツ／アロ

ン・グールヴィッチ往復書簡 1939～1959』木鐸社.）

グレーヴァ香子，2011，『非協力ゲーム理論』知泉書館.

船津衛，[1976] 2009，『シンボリック相互作用論』恒星社厚生閣.

————，1999，『アメリカ社会学の展開』恒星社厚生閣.

浜田宏，1999，「相対的剝奪と準拠集団の数理モデル」『理論と方法』14（1）：91-104.

————，2006，「数理社会学者の課題：弱い経験的妥当性と意味の問題について」『理論と方法』21（2）：183-98.

浜日出夫，1996a，「ガーフィンケル信頼論再考」『年報筑波社会学』7：55-74.

————，1996b，「もうひとつの秩序問題：ジンメルからガーフィンケルへ」『社会学史研究』18：27-37.

————，1998，「エスノメソドロジーの原風景：ガーフィンケルの短編小説『カラートラブル』」山田富秋・好井裕明編『エスノメソドロジーの想像力』せりか書房，30-43.

————，2004，「危機としての生活世界：シュッツの"discrepancy"概念」『社会科学基礎論研究』3：46-62.

————，2006，「羅生門問題：エスノメソドロジーの理論的含意」富永健一編著『理論社会学の可能性：客観主義から主観主義まで』新曜社，271-89.

Harrington, B., 2009, "Responding to Deception: The Case of Fraud in Financial Markets," B. Harrington ed., *Deception: From Ancient Empires to Internet,* Stanford University Press, 237-53.

————, 2012, "The Sociology of Financial Fraud," K. K. Cetina & A. Preda eds. *The Oxford Handbook of The Sociology of Finance,* Oxford University Press, 393-410.

橋爪大三郎編著，2013，『小室直樹の世界：社会科学の復興をめざして』ミネルヴァ書房.

Hayes, A. C., 1984, "Formal Model Building and Theoretical Interests in Sociology," *Journal of Mathematical Sociology,* 10：325-41.

飯田高，2004，『〈法と経済学〉の社会規範論』勁草書房.

Iizuka R, F. Toriumi, M. Nishiguchi, M. Takano & M. Yoshida, 2022, "Impact of Correcting Misinformation on Social Disruption," *PLoS ONE,* 17（4）：e0265734.

池周一郎，1993，「秩序問題へのゲームの理論によるアプローチ：主観構成主義的な秩序と進化論的な秩序」佐藤慶幸・那須寿編著『危機と再生の社会理論』マルジュ社，353-68.

今田高俊，1977，「ダイアド関係の安定条件」『社会学評論』27（4）：22-41.

————，1980，「数理社会学の方法」『季刊労働法別冊第6号 現代社会学』117-29.

————，2005，「数理社会学への招待」数土直紀・今田高俊編著『数理社会学入門』勁草書房，3-26.

猪原健弘，2002，『感情と認識：競争と社会の非合理戦略Ⅱ』勁草書房.

井上寛，1986，「フォーマライゼーションの可能性」『理論と方法』1（1）：15-24.

井上俊，1982，「うそ現象へのアプローチ」仲村祥一・井上俊編『うその社会心理：人間文化に根ざすもの』有斐閣，1-39.

伊勢田哲治，2004，『認識論を社会化する』名古屋大学出版会.

石垣壽郎, 1994, 「論理実証主義の歴史と思想」新田義弘編『科学論』岩波書店, 35-96.

磯部卓三, 1982, 「嘘と社会秩序」仲村祥一・井上俊編『うその社会心理：人間文化に根ざすもの』有斐閣, 287-304.

―――, 1988, 「嘘と社会」仲村祥一編『新版 社会学を学ぶ人のために』世界思想社, 73-91.

伊藤泰, 2017, 「相関均衡の仕掛けとしての社会規範と法」『北海道教育大学紀要（人文科学・社会科学編）』67(2)：63-78.

籠谷和弘, 1999, 「うわさ否定行動の意図せざる結果：不完備情報ゲームによる数理モデル分析」『社会学評論』49(4)：584-99.

Kaminski, M. M., 2003, "Games Prisoners Play: Allocation of Social Roles in a Total Institution," *Rationality and Society*, 15：188-217.

Karlsson, G., 1958, *Social Mechanisms: Studies in Sociological Theory*, The Free Press.

片桐雅隆, 1993, 『シュッツの社会学』いなほ書房.

―――, 1996, 『プライバシーの社会学：相互行為・自己・プライバシー』世界思想社.

川越敏司, 2010, 『行動ゲーム理論入門』NTT 出版.

Kemeny, J. G. & J. L. Snell, 1962, *Mathematical Models in the Social Sciences*, Ginn. （甲田和衞・山本国雄・中島一共訳, 1966, 『社会科学における数学的モデル』培風館.）

木村邦博, 2018, 「スティグマとパッシングのゲーム理論的定式化をめざして」数理社会学会第65回大会報告, 2018年3月14日.

木村雅史, 2010, 「E. ゴフマンの『状況の定義』論：『フレーム分析』の検討を通して」『社会学研究』88：73-96.

吉良洋輔, 2017, 「繰り返しゲームにおける社会規範の内面化と自己制裁：規範に従う心」『理論と方法』32(2)：271-89.

北田暁大, 2014, 「社会学にとって『アメリカ化』とは何か：ポール・ラザースフェルドと『アメリカ社会学』」『現代思想』42(16)：150-63.

北川隆吉, 1980, 「現代社会学の現状と課題：『はしがき』に代えて」『季刊労働法別冊第6号 現代社会学』4-8.

清原聖子編著, 2019, 『フェイクニュースに震撼する民主主義：日米韓の国際比較研究』大学教育出版.

小林盾・海野道郎編著, 2016, 『数理社会学の理論と方法』勁草書房.

小林淳一・木村邦博編著, 1991, 『考える社会学』ミネルヴァ書房.

甲田和衞, 1989, 「海野道郎氏の御批判に答えて」『理論と方法』4(2)：113-4.

甲田和衞・高坂健次, 1989, 『社会学研究法』放送大学教育振興会.

高坂健次, 1976, 「現代アメリカにおける知識社会学の展開」徳永恂『知識社会学』東京大学出版会, 44-67.

―――, 1986, 「数理社会学の意義と必要性」『理論と方法』1(1)：1-14.

―――, 1988, 「フォーマル・セオリー」新睦人・三沢謙一編『現代アメリカの社会学理論』恒星社厚生閣, 303-33.

―――――, 2012, 「数理社会学の展望」『関西学院大学社会学部紀要』114：37-63.

―――――, 2014, 「入門から専門まで一直線：私の数理社会学教育体験から」『理論と方法』29(1)：101-6.

Kosaka, K., 1989, "Mathematical Sociology in Japan," *Journal of Mathematical Sociology*, 14(4)：217-22.

Kopp, C., K. B. Korb & B. I. Mills, 2018, "Information-theoretic Models of Deception: Modelling Cooperation and Diffusion in Populations Exposed to 'Fake News'," *PLoS ONE*, 13(11)：e0207383.

厚東洋輔, 1997, 「概説 日本の社会学 社会学理論」塩原勉・井上俊・厚東洋輔編『社会学理論』東京大学出版会, 3-11.

Kovach, N. S., A. S. Gibson & G. B. Lamont, 2015, "Hypergame Theory: A Model for Conflict, Misperception, and Deception," *Game Theory* (Retrieved June 18, 2019, http://dx.doi.org/10.1155/2015/570639).

Kraft, V., 1968, *Der Wiener Kreis: Der Ursprung des Neopositivismus, ein Kapital der jüngsten Philosophiegeschichte*, Springer. (寺中平治訳, 1990, 『ウィーン学団』勁草書房.)

Kroneberg, C., 2005, "Die Definition der Situation und die variable Rationalität der Akteure: Ein allgemeines Modell des Handelns," *Zeitschrift für Soziologie*, 34(5)：344-63. (久慈利武（抄）訳, 2012, 「状況の定義と行為者の合理性の多様性：行為の一般モデル」久慈利武編訳『エサーのフレーム選択モデル』,『人間情報学研究』17：41-60所収.)

―――――, 2014, "Frames, Scripts, and Variable Rationality: An Integrative Theory of Action," G. Manzo ed., *Analytical Sociology: Actions and Networks*, John Wiley and Sons, 97-126.

久慈利武, 2012, 「訳者あとがき」久慈利武編訳『エサーのフレーム選択モデル』(『人間情報学研究』17：41-60所収).

Lanigan, R. L., 1990, "Is Erving Goffman a Phenomenologist?" S. H. Riggins ed., *Beyond Goffman: Studies on Communication, Institution, and Social Interaction*, Berlin, New York: Mouton de Gruyter, 99-110.

Lazarsfeld, P. F. ed., 1954, *Mathematical Thinking in the Social Science*, The Free Press.

―――――, 1954, "Introduction: Mathematical Thinking in the Social Science," P. F. Lazarsfeld ed., 1954, *Mathematical Thinking in the Social Science*, The Free Press, 3-16.

Lazer, D. M. J., M. A. Baum, Y. Benkler, A. J. Berinsky, K. M. Greenhill, F. Menczer, M. J. Metzger, B. Nyhan, G. Pennycook, D. Rothschild, M. Schudson, S. A. Sloman, C. R. Sunstein, E. A. Thorson, D. J. Watts & J. L. Zittrain, 2018, "The Science of Fake News: Addressing Fake News Requires a Multidisciplinary Effort," *Science*, 359 (6380)：1094-6.

Lewis, D., [1969] 2002, *Convention: A Philosophical Study*, Blackwell Publishers.（瀧澤弘和訳，2021，『コンヴェンション：哲学的研究』慶應義塾大学出版会.）

Lieberman, B., 1960, "Human Behavior in a Strictly Determined 3 x 3 Matrix Game," *Behavioral Science*, 5(4)：317-22.

Lundberg, G. A., 1955, "The Natural Science Trends in Sociology," *American Journal of Sociology*, 61(3)：191-202.

前田泰樹，2015，「社会学的記述再考」『一橋社会科学』7（別冊）：39-60.

正村俊之，1995，『秘密と恥：日本社会のコミュニケーション構造』勁草書房.

松井隆明，2023，「ウィーン学団の科学的ヒューマニズム：カルナップとノイラートを中心とした，論理実証主義の社会的・政治的コミットメント」『Contemporary and Applied Philosophy』14：116-145.

Maurer, D. W., [1945] 1999, *The Big Con: The Story of the Confidence Man*, Random House.（山本光伸訳，1999，『詐欺師入門：だましの天才たち その華麗なる手口』光文社.）

南博，[1976] 2007，『行動理論史』岩波書店.

三隅一人，2001，「規範をめぐる合理的選択モデルの展開」船津衛編『アメリカ社会学の潮流』恒星社厚生閣，281-303.

————，2004，「役割期待の相補性とバランス：パーソンズからの展開」三隅一人編著『社会学の古典理論：数理で蘇る巨匠たち』勁草書房，127-48.

————，2013，『社会関係資本：理論統合の挑戦』ミネルヴァ書房.

三隅一人・高坂健次，2005，「はしがき：意味世界と数理社会学」三隅一人・高坂健次編著『シンボリック・デバイス：意味世界へのフォーマル・アプローチ』勁草書房，iii-ix.

三隅一人編著，2004，『社会学の古典理論：数理で蘇る巨匠たち』勁草書房.

三隅一人・高坂健次編著，2005，『シンボリック・デバイス：意味世界へのフォーマル・アプローチ』勁草書房.

宮台真司，1989，『権力の予期理論：了解を媒介にした作動形式』勁草書房.

向井守，1997，『マックス・ウェーバーの科学論：ディルタイからウェーバーへの精神史的考察』ミネルヴァ書房.

村上篤直，2018a，『評伝 小室直樹（上）：学問と酒と猫を愛した過激な天才』ミネルヴァ書房.

————，2018b，『評伝 小室直樹（下）：現実はやがて私に追いつくであろう』ミネルヴァ書房.

武藤正義，2005a，「相互行為における倫理規範の性能分析：社会的動機を考慮したゲーム理論的アプローチ」『社会学評論』56(1)：182-99.

————，2005b，「日常世界的秩序問題のゲーム理論的分析：《二重の選択》を手がかりに」『ソシオロゴス』29：19-34.

内藤準，2011，「相互行為の二つの水準：目的行為と現実構成」『人文学報 社会学』46：25-58.

中河伸俊，2015，「フレーム分析はどこまで実用的か」中河伸俊・渡辺克典編『触発するゴフマン：やりとりの秩序の社会学』新曜社，130-47.

中山智佳子，2010，『経済戦争の理論：大戦間期ウィーンとゲーム理論』勁草書房.

直井優，1991，「『数理社会学』と『基礎社会学』の間」『理論と方法』6（1）：114-20.

那須壽，1993，「シュッツと日常世界の社会学」佐藤慶幸・那須寿編著『危機と再生の社会理論』マルジュ社，99-122.

————，1997，『現象学的社会学への道：開かれた地平を索めて』恒星社厚生閣.

————，1999，「レリヴァンス現象の解明に向けて：シュッツ理論継承のために」『文化と社会』1：60-85.

Neurath, O., 1931, "Soziologie im Physikalismus," *Erkenntnis*, 2：393-431.（M. Magnus & R. Raico, trans, 1959, "Sociology and Physicalism," A. J. Ayer ed., *Logical Positivism*, Free Press, 282-317.）

西田春彦，1978，「日本の数理社会学の若干の動向」『社会学評論』28（4）：11-29.

西田春彦・平松闊，1987，「社会学方法論：計量的数理的アプローチを中心にして」『社会学評論』38（2）：130-49.

西原和久，2016，「日本における社会学理論の展開：グローバル化する二十一世紀社会への課題」池岡義孝・西原和久編『戦後日本社会学のリアリティ：せめぎあうパラダイム』東信堂，265-98.

野家啓一，2001，「『実証主義』の興亡：科学哲学の視点から」『理論と方法』16（1）：3-18.

小田中悠，2016，「日常世界的秩序問題のゲーム理論的展開：現実認識の多層性に着目して」慶應義塾大学社会学研究科修士論文.

————，2017，「なぜ詐欺は成功するのか：ハイパーゲームによる分析」『人間と社会の探究』83：15-34.

小田中悠・吉川侑輝，2018，「日常的な相互行為における期待の暗黙の調整：E. Goffman のフォーマライゼーション」『理論と方法』33（2）：315-30.

小田中悠・中井豊，2019，「意味世界の計算社会科学的分析に向けて：社会学におけるトピックモデルの意義の検討」『理論と方法』34（2）：280-95.

織田輝哉，1997，「現実構成のゲーム論的展開」『哲学』101：249-71.

————，2005，「秩序問題への進化論的アプローチ：秩序と規範」盛山和夫・土場学・野宮大志郎・織田輝哉編著『〈社会〉への知／現代社会学の理論と方法（上）：理論知の現在』勁草書房，139-54.

————，2015，「社会学におけるゲーム理論の応用可能性」『経済社会学年報』37：24-33.

荻野昌弘，2005，『零度の社会：詐欺と贈与の社会学』世界思想社.

岡田章，2011，『ゲーム理論 新版』有斐閣.

隠岐さや香，2018，『文系と理系はなぜ分かれたのか』講談社.

重田園江，2022，『ホモ・エコノミクス：「利己的人間」の思想史』筑摩書房.

大林真也，2013，「流動的集団における助け合いのメカニズム」『社会学評論』64（2）：240-56.

─────，2018，「分析社会学入門」『理論と方法』33(2)：357-66.

大林真也・瀧川裕貴，2016，「『理論と方法』におけるテーマの30年，方法の30年」『理論と方法』31(1)：99-108.

Platt, J., 1996, *A History of Sociological Research Methods in America: 1920-1960*, Cambridge University Press.

Platt, J. & P. K. Hoch, 1996, "The Vienna Circle in the United States and Empirical Research Methods in Sociology," M. G. Ash & A. Sollner eds., *Forced Migration and Scientific Change: Emigre German-Speaking Scientists and Scholars after 1933*, German Historical Institute, 224-45.

Psathas, G., 2013, "Goffman and Schutz on Multiple Realities," M. Staudigl and G. Berguno eds., *Schutzian Phenomenology and Hermeneutic Traditions*, Springer, 201-21.

Rapoport, A. & A. M. Chammah, 1965, *Prisoner's Dilemma: A Study in Conflict and Cooperation*, The University of Michigan Press.（廣松毅・平山朝治・田中辰雄訳，1983，『囚人のジレンマ：紛争と協力に関する心理学的研究』啓明社.）

Rashevsky, N., 1947, *Mathematical Theory of Human Relations: An Approach to a Mathematical Biology of Social Phenomena*, The Principia Press.

─────，1954, "Two Models: Imitative Behavior and Distribution of Satatus," P. F. Lazarsfeld ed., 1954, *Mathematical Thinking in the Social Science*, The Free Press, 67-104.

Rawls, A. W., 2003, "Orders of Interaction and Intelligibility: Intersections between Goffman and Garfinkel by Way of Durkheim," A. J. Trevino ed., *Goffman's Legacy*, Rowman & Littlefield Publishers, 216-53.

Sacks, H., 1972, "An Initial Investigation of the Usability of Conversational Data for Doing Sociology," D. Sudnow ed., *Studies in Social Interaction*, Free Press, 31-73. （北澤裕・西阪仰訳，1989，「会話データの利用法：会話分析事始め」G. サーサス・H. サックス・H. ガーフィンケル・E. シェグロフ（北澤裕・西阪仰訳）『日常性の解剖学：知と会話』マルジュ社，93-173).

─────，1974, "An Analysis of the Course of a Joke's telling in Conversation," R. Bauman & J. F. Sherzer eds., *Explorations in the Ethnography of Speaking*, Cambridge University Press, 337-53.

左古輝人，1998，『秩序問題の解明：恐慌における人間の立場』法政大学出版局.

作田啓一，1973，「日本人の擬制」『創造の世界』30：6-25.

笹原和俊，2018，『フェイクニュースを科学する：拡散するデマ，陰謀論，プロパガンダのしくみ』化学同人.

佐々木康朗，2011，「ハイパーゲーム理論による意思決定と認識の安定性」『オペレーションズ・リサーチ：経営の科学』56(10)：591-7.

Sasaki, Y., 2014, "Subjective Rationalizability in Hypergames," *Advances in Decision Sciences*,（Retrieved June 18, 2019, http://dx.doi.org/10.1155/2014/263615).

佐藤嘉倫, 2008, 『ゲーム理論：人間と社会の複雑な関係を解く』新曜社.

Schelling, T. C., [1960] 1980, *The Strategic Conflict*, Harvard University Press.（河野勝監訳, 2008, 『紛争の戦略：ゲーム理論のエッセンス』勁草書房.）

————, 1971, "Dynamic Models of Segregation," *Journal of Mathematical Sociology*, 1 (2)：143-86.

Schutz, A., [1943] 1976, "The Problem of Rationality in the Social World," *Collected Papers II*, 64-88.（渡部光・那須壽・西原和久訳, 1991, 「社会的世界における合理性の問題」『アルフレッド・シュッツ著作集 第3巻』マルジュ社, 97-129.）

————, [1944] 1976a, "The Stranger: An Essay in Social Psychology," *Collected Papers II*, 91-105.（渡部光・那須壽・西原和久訳, 1991, 「よそ者：社会心理学的一試論」『アルフレッド・シュッツ著作集 第3巻』マルジュ社, 133-51.）

————, [1944] 1976b, "The Homecomer," *Collected Papers II*, 106-19.（渡部光・那須壽・西原和久訳, 1991, 「帰郷者」『アルフレッド・シュッツ著作集 第3巻』マルジュ社, 153-69.）

————, [1945] 1962, "On Multipul Realities," *Collected Papers I*, 207-59.（渡部光・那須壽・西原和久訳, 1985, 「多元的現実について」『アルフレッド・シュッツ著作集 第2巻』マルジュ社, 9-80.）

————, [1951] 1962, "Choosing among Project of Action," *Collected Papers I*, 64-96.（渡部光・那須壽・西原和久訳, 1983, 「行為の企図の選択」『アルフレッド・シュッツ著作集 第1巻』マルジュ社, 135-72.）

————, [1953] 1962, "Common-sense and Scientific Interpretatinal of Human Action," *Collected Papers I*, 13-47（渡部光・那須壽・西原和久訳, 1983, 「人間行為の常識的解釈と科学的解釈」『アルフレッド・シュッツ著作集 第1巻』マルジュ社, 49-108.）

————, [1954] 1976, "Don Quixite and the Problem of Reality," *Collected Papers II*.（渡部光・那須壽・西原和久訳, 1991, 「ドン・キホーテと現実の問題」『アルフレッド・シュッツ著作集 第3巻』マルジュ社, 191-220.）

————, 1962, *Collected Papers I*, Nijhoff.（渡部光・那須壽・西原和久訳, 1983, 『アルフレッド・シュッツ著作集 第1巻』マルジュ社：渡部光・那須壽・西原和久訳, 1985, 『アルフレッド・シュッツ著作集 第2巻』マルジュ社.）

————, 1970, *Reflections on the Problem of Relevance*, Richard University Press.（那須壽・浜日出夫・今井千恵・入江正勝訳, 1996, 『生活世界の構成：レリヴァンスの現象学』マルジュ社.）

————, 1976, *Collected Papers II*, Nijhoff.（渡部光・那須壽・西原和久訳, 1991, 『アルフレッド・シュッツ著作集 第3巻』マルジュ社.）

Schütz, A. und Luckmann, T., 2003, *Strukturen der Lebenswelt*, UVK.（那須壽監訳, 2015, 『生活世界の構造』筑摩書房.）

盛山和夫, 1991, 「秩序問題の問いの構造」盛山和夫・海野道郎編『秩序問題と社会的ジレンマ』ハーベスト社, 3-33.

————, 1995, 『制度論の構図』創文社.

————, 2000, 「基礎づけ主義でもなく脱構築でもなく：構想としての探求」『理論と方法』15(1)：3-16.

————, 2006, 「経験主義から規範科学へ：数理社会学はなんの役に立つか」『理論と方法』21(2)：199-214.

————, 2011, 「構造的エッセンスの学としての数理社会学」『理論と方法』26(2)：271-86.

盛山和夫・海野道郎編, 1991, 『秩序問題と社会的ジレンマ』ハーベスト社.

Simmel, G., 1908, *Soziologie: Untersuchungen über die Formen der Vergesellschaftung,* Duncker & Humblot. (居安正訳, 1979, 『秘密の社会学』世界思想社.)

Simon, H. A., 1952, "A Formal Theory of Interaction in Social Groups," *American Sociological Review*, 17(2)：202-11.

Sørensen, A. & Sørensen, A., 1975, "Mathematical Sociology: A Trend Report and a Bibliography," *Current Sociology*, 23(3).

総務省, 2021, 『情報通信白書令和 3 年版』.

数理社会学会数理社会学事典編集委員会編, 2022, 『数理社会学事典』丸善出版.

数理社会学研究会編, 1985, 『数理社会学研究会論文集Ⅰ 数理社会学の現在』数理社会学研究会.

————, 1988, 『数理社会学研究会論文集Ⅱ 数理社会学の展開』数理社会学研究会.

Swedberg, R., 2001, "Sociological and Game Theory: Contemporary and Historical Perspectives," *Theory and Society*, 30：301-35.

高橋顕也, 2016, 『社会システムとメディア：理論社会学における総合の試み』ナカニシヤ出版.

高橋裕子, 2002, 『「女らしさ」の社会学：ゴフマンの視角を通して』学文社.

瀧川裕貴, 2018, 「社会学との関係から見た計算社会科学の現状と課題」『理論と方法』33(1)：132-148.

————, 2020, 「世界および日本におけるデジタル社会調査」『社会学評論』71(1)：84-101.

Timasheff, N. S., 1950, "Sociological Theory Today," *The American Catholic Sociological Review*, 11(1)：25-33.

富永健一, 1993, 『現代の社会科学者：現代社会科学における実証主義と理念主義』講談社.

鳥海不二夫編著, 2021, 『計算社会科学入門』丸善出版.

都築一治, 2000, 「行為の意味とその解釈：意図, 行動, 解釈図式のファジイ集合による定式化」『理論と方法』15(2)：273-86.

————, 2005, 「行為の意味解釈：ファジイ集合による意図や行動の連続的な記述を通して」三隅一人・高坂健次編著『シンボリック・デバイス：意味世界へのフォーマル・アプローチ』勁草書房, 3-22.

海野道郎, 1978, 「訳者解説」レイモンド・ブードン（岡本雅典・海野道郎訳）『社会学のロ

ジック』東洋経済新報社, 203-13.

──────, 1981, 「社会過程と社会構造の数理解析：数理社会学の展開」『行動計量学』8 (2)：14-26.

──────, 1998, 「問いのかたち：数理社会学が問うべきもの」『理論と方法』12(2)：121-33.

Vollmer, H., 2013, "What Kind of Game Is Everyday Interaction ?" *Rationality and Society*, 25(3)：370-404.

渡辺秀樹, 1981, 「個人・役割・社会：役割概念の統合をめざして」『思想』686：98-121.

──────, 2014, 『モデル構成から家族社会学へ』慶應義塾大学出版会.

Watson, R., 2009, *Analyzing Practical and Professional Texts: A Naturalistic Approach*, Routledge.

Weber, M., 1922, "Soziologische Grundbegriffe," *Wirtschaft and Gesellshaft I*, J. C. B. Mohr, 1-30. （清水幾太郎訳, 1972, 『社会学の根本概念』岩波書店.）

──────, 1924, *Wirtschaftsgeschicte, Abriss der universalen Sozial und Wirtschaftsgeschichte*, Duncker & Humblot. （世良晃志郎訳, 1970, 『支配の諸類型』創文社.）

White, H. C., 1963, "Cause and Effect in Social Mobility Tables," *Behavioral Science*, 8 (1)：14-27.

Wilson, T. P., 1984, "On the Role of Mathematics in the Social Science," *Journal of Mathematical Sociology*, 10：221-39.

矢澤修次郎, 1984, 『現代アメリカ社会学研究』東京大学出版会.

安田三郎, 1973a, 「序論」安田三郎編『数理社会学』東京大学出版会, 1-14.

──────, 1973b, 「数理社会学の展開と基本文献」安田三郎編『数理社会学』東京大学出版会, 237-43.

安田三郎編, 1973, 『数理社会学』東京大学出版会.

吉田民人, 1978, 「社会学的パラダイムをめぐる一つの仮説」吉田民人編著『社会科学への招待 社会学』日本評論社, 5-8.

Ziegler, R., 1972, *Theorie und Modell: Der Beitrag der Formalisierung zur soziologishen Theoriebildung*, Oldenbourg.

《著者紹介》

小田中　悠（おだなか　ゆう）

1989年生まれ
慶應義塾大学大学院社会学研究科博士課程修了，博士（社会学）
現在，京都先端科学大学人文学部講師

主要業績

『パンデミックとグローバル社会──もうひとつの社会への扉』（分担執筆，晃
　　洋書房，2022年）
『数理社会学事典』（編集委員・分担執筆，丸善出版，2022年）

日常的な相互行為の数理社会学
──嘘と秘密とゲーム理論──

2024年12月10日　初版第1刷発行	＊定価はカバーに 表示してあります

著　者　　小田中　　悠ⓒ

発行者　　萩　原　淳　平

印刷者　　江　戸　孝　典

発行所　株式会社　晃　洋　書　房

〒615-0026　京都市右京区西院北矢掛町7番地
電話　075 (312) 0788番代
振替口座　01040-6-32280

装丁　安藤紫野　　　　印刷・製本　共同印刷工業㈱

ISBN978-4-7710-3886-8

[JCOPY] 〈(社)出版者著作権管理機構　委託出版物〉

本書の無断複写は著作権法上での例外を除き禁じられています．
複写される場合は，そのつど事前に，(社)出版者著作権管理機構
（電話 03-5244-5088, FAX 03-5244-5089, e-mail: info@jcopy.or.jp）
の許諾を得てください．